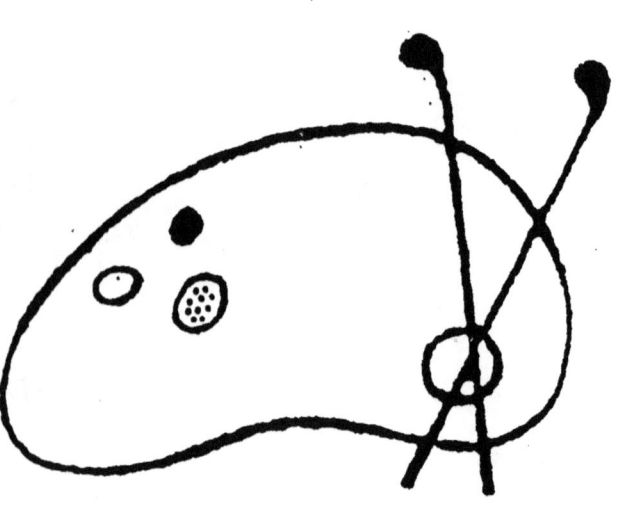

Fin d'une série de documents en couleur

NÉI D'ARGIS

DÔME

DE PAUL VERLAINE

Voici ma fille qui est vierge; je
vous la livrerai : abusez d'elle et la
traitez à votre gré ; mais, sur cet
homme ne commettez pas cette action infâme.

Livre des Juges, xix, 24.

QUATRIÈME ÉDITION

PARIS
LIBRAIRIE FRANÇAISE
SE PIAGET, ÉDITEUR
, RUE DES VOSGES, 16
1888
Tous droits réservés.

DU MÊME AUTEUR

En préparation :

OMORRHE

ROMAN

ALPHONSE PIAGET, ÉDITEUR
16, Rue des Vosges. — PARIS

---

s. — Typ. G. Chamerot, 19, rue des Saints-Pères. — 23213

SODOME

IL A ÉTÉ TIRÉ A PART DE CET OUVRAGE

10 exemplaires sur japon impérial, à . . . . 20 fr.
20 exemplaires sur papier de Hollande à . . . . 10 fr.

Ces exemplaires sont numérotés à la presse.

A

PAUL VERLAINE

Hommage de respectueuse admiration.

HENRI D'ARGIS

SODOME

Préface de PAUL VERLAINE

> Voici ma fille qui est vierge; je vous la livrerai : abusez d'elle et la traitez à votre gré; mais, sur cet homme ne commettez pas cette action infâme.
>
> *Livre des Juges,* xix, 24.

QUATRIÈME ÉDITION

PARIS
LIBRAIRIE FRANÇAISE
ALPHONSE PIAGET, ÉDITEUR
16, RUE DES VOSGES, 16
1888
Tous droits réservés.

PRÉFACE

Le livre que nous présentons, conformément au désir que l'auteur a bien voulu nous en exprimer, est triste, pensif et tendre, sans plus d'indulgence qu'il ne semble requis en un pareil sujet.

Nous avons longtemps non pas hésité, mais réfléchi avant de nous livrer à une tâche aussi grave; mais, tout balancé, nous en assumons la responsabilité et les quelques lignes qui suivront seront sincères comme l'ouvrage, et nettes, et claires, et, nous osons l'espérer, définitives, autant qu'il est permis, comme lui.

Sauf le cas de monsieur Auguste, roman brillant et superficiel, un peu bien ridicule peut-être, même dans sa pitié digne d'ailleurs de cet écrivain qui n'eut guère, en somme, que de l'esprit, sauf quelques aberrations accessoires de Vautrin, les magnifiques et terriblement troublants sonnets de Shakspeare et de très rares choses de Gœthe, nous ne croyons pas que nulle littérature moderne se soit occupée d'une façon un peu spéciale du sujet que M. Henri d'Argis a traité si bien et si chastement ainsi qu'il convient de le reconnaître et de le proclamer.

L'exception morale dont il s'agit est, depuis l'avènement du christianisme, devenue un problème douloureux, une question absolument digne d'attention et des réflexions les plus profondes, de simple lieu commun et de léger paradoxe qu'elle se trouvait être dans l'antiquité païenne, depuis l'*Iliade* pour parler de temps déjà héroïques, jusqu'aux dialogues de Lucien, en passant par le *Banquet,* jusqu'à l'empire romain et la décadence.

Le moyen âge ne semble pas s'être douté, sinon dans les méticuleuses prévisions et précautions de ses théologiens d'un trouble aussi grave du cœur : il fallut que ce que l'on appelle la Renaissance, époque néfaste, éclatât d'une splendeur diabolique, pour apporter dans la simplicité bénie des fortes mœurs de nos arrière-ancêtres la langueur de telles mœurs.

Nous disons « langueur », car, bien que ces mœurs aient été celles des Grecs et des Romains, elles furent toujours considérées par leurs écrivains comme une exception, nous voulons le répéter.

Mais ces considérations sont purement historiques : on attend peut-être autre chose de nous; il nous semble utile de chercher une cause à ces exceptions morales, à ces cas intellectuels (il ne peut être question ici, et dans l'ouvrage même, que de ceux-là, on l'a sans doute compris), et nous voulons dire en quelques mots ce que l'on trouvera dans *Sodome*.

Une surexcitation de l'intellect, avec un sentiment plastique peut-être exagéré, des déboires dans un amour qui devait rendre heureux, voilà, croyons-nous, l'origine habituelle d'une erreur qui, pour n'avoir pas eu cette excuse et n'être pas restée un cas intellectuel et moral, est punie si terriblement dans la Bible.

Peu de personnages, dans ce livre très simple : un prêtre, deux hommes, une femme : n'est-ce pas là un microcosme dans lequel peuvent évoluer tous les sentiments et tous les instincts de notre pauvre humanité : voilà les acteurs que M. d'Argis a choisis pour jouer ce drame poignant qui commence par des scrupules et finit par un remords, seul châtiment, mais combien affreux, d'une faute qui fut si peu commise !

Vous le voyez, le livre, avant tout, est chaste et juste.

Et cependant, mon cher d'Argis, laissez-moi vous le dire, ne craignez-vous pas les reproches? Votre Soran, en somme, est coupable, et n'avez-vous pas fait ce coupable trop sympathique? Car il est séduisant, votre Soran : il est beau d'abord, et puis si généreux et si grand, si spontané (cela ne suffit-il pas pour être bien malheureux)! mais ce n'est peut-être pas être innocent que d'être malheureux, et celui qui s'alanguit, qui se laisse aller, qui ne lutte pas, n'est-il pas, en quelque sorte, criminel? Et puis, ce titre que vous lancez comme un anathème ne vous semble-t-il pas audacieux?

Voilà ce que l'on vous dira; mais, moi qui suis votre ami, je vous dis : Votre roman, j'allais dire votre poème, est bon puisqu'il est humain et sévère, après tout, comme la science, et droit et direct, dans le tâtonnement d'un tel début, comme votre talent si simple, si naturel, et si franc, mais si timide comme tout ce qui est simple, et si complexe comme tout ce qui s'affirme ou veut s'affirmer.

Vous avez la volonté, l'élan, l'effort, et mieux encore que tout cela — l'essor vers une littérature *vraiment* amère.

Donc, courage et laissez dire.

PAUL VERLAINE.

ARGUMENT

L'ENFANCE.
LA RETRAITE.
LE MONDE.
LA CHUTE.

L'ENFANCE

L'ENFANCE

I

« Vous n'aurez pas, avec un mâle, le coït féminin, » dit la Bible. Quoi de plus chaste et de moins troublant que cette phrase brutale et sauvage ? n'est-elle pas le modèle, dans sa simplicité si explicite, du psychologue des psychologies honteuses ?

Les vices contre nature sont comme une charogne décomposée que son odeur âcre et son aspect purulent protège du scalpel. L'étude en est formidable ; elle doit, pour être saine, être brusque et courageuse ; elle doit, pour ne pas être dangereuse, s'abstenir de pruderie et de réticences.

Ces lignes expliqueront peut-être suffisamment une conception qu'on pourrait appeler le *Naturalisme de la pensée*.

Les impressions neuves, même qu'un peu neuves, sont rares au Parisien. Il pourrait en découvrir, peut-être, mais si loin! s'enfuir au pôle ou à l'équateur, entrer dans une mosquée, s'introduire au sérail... au reste, vivre dans la la neige ou respirer le soleil, prier nu-tête ou nu-pieds, voir des femmes s'ennuyer comme s'ennuient d'autres pensionnaires : tout cet inconnu lui serait-il bien nouveau?

Quel est l'homme de trente ans, amoureux de sentir, qui n'a éprouvé toutes les émotions, tous les tressaillements? En quinze années, il a admiré, aimé, souffert, espéré : toute la formule de la vie.

C'est d'abord, au collège, par besoin et par obéissance, les enthousiasmes sans quartier, les cultes idolâtres qui s'attiédiront plus tard. Il en sort, le voilà libre : sur le trottoir, une fille lui fait un signe : il la suit, rougissant de désir et de honte. La rue est déserte, la maison ignoble, la femme repoussante, et il se cache et il rase les murs. Il monte et rougit encore devant le bureau de l'hôtel : il lui semble qu'on sourit à son passage : il regrette d'être venu, il voudrait s'en aller : la porte de la chambre s'ouvre et il entre ; la raccrocheuse, experte, a lu dans son esprit et dans sa bourse : elle est maternelle, et mignotante et joyeuse ; cela l'amuse, la bonne fille, de prendre cette virginité ; lui est là, bouche bée, ne sachant que faire : ce gros rire l'énerve... au bout de quelques instants, il descend encore débraillé, étonné et écœuré : c'est ça, la femme !...

Le corps est souillé, mais l'âme encore vierge ; non pour longtemps ; un an après, il aime ; une femme avatar de la première, qu'il voit au travers d'un arc-en-ciel d'illusions, empoigne cette pauvre âme ; telle, la douce Méditerranée :

Le ciel est pur et l'eau est bleue : sur la plage, l'homme étend ses membres lassés que la mer mollement caresse : il se laisse lécher, inconscient ; ces blandices le charment et les flots l'emportent en le berçant, et il s'éloigne du bord : et le ciel est bleu et l'eau est pure ; et voilà que, tout à coup, il entend des grondements affreux et d'immenses bouillonnements sourdre au-dessous de lui ; c'est la tempête inconnue et formidable : et il veut fuir, et la mer se calme, et il s'abandonne encore à cette escarpolette : vain espoir : l'orage renaît plus violent, et les vagues énormes le rejettent sur la plage et se retirent : il est sauvé, il s'encourt : le malheureux! la mer est revenue, elle est là terrible et géante : elle l'enlace et le roule et le pétrit sur les galets, et Dieu permet enfin que l'imprudent s'échappe meurtri et brisé...

C'est le premier amour avec ses ignorances et ses curiosités, et ses jouissances et ses tortures; et, pendant longtemps, ce cœur va saigner; il commence à vivre, il souffre. Alors, l'immense dépression et le découragement inéluctable; l'amour remplissait tout entière l'âme de cet homme; il l'a quittée, et cette âme est morte : le corps va végéter, sans foi, sans croyance, sans but : sa vie s'est arrêtée...

Le temps a passé et le cadavre renaît : l'oubli a ressuscité l'âme : la foi revient et l'espérance. La vie recommence ; l'ambition remplace l'amour; trahi par la femme, l'homme courtise la gloire, la « capricieuse prostituée » qui, au gré des obscurs, « s'éprend des imbéciles et nargue les génies ». Et la gloire le nargue, et il se croit un « génie méconnu » et la dépression revient : toutes ces émotions l'ont blasé, son palais est maintenant insensible aux épices. Y a-t-il un piment assez fort pour le réveiller? Un pareil homme n'est-il pas mûr pour les plus grands vices, ou préparé pour les plus grandes vertus?...

Tel était l'état de Jacques Soran, plus triste encore, car le temps ne l'avait pas guéri, et, rarement, il avait été autant découragé que ce jour-là. Il s'était couché fort tard, et l'insomnie le chassait de son lit à cinq heures. Il essaya de lire ; les lignes zigzaguèrent sous ses yeux ; il s'obstina : tout ce qu'il feuilleta lui parut absurde. A bout de ressources, il descendit dans la rue.

A six heures du matin, à la fin de mars, Paris présente un spectacle qui devait frapper Soran peu habitué à sortir sitôt.

En quittant la rue des Prêtres-Saint-Séverin, il prit la rue Zacharie, et se trouva tout de suite sur le quai Saint-Michel. La veille, la neige couvrait la chaussée; il dégèle : les boueurs achèvent de l'enlever en la jetant à l'égout ; ils sont là, les pieds dans l'eau, les mains dans un bas, poussant leur balai d'un mouvement rythmique de métronome : automates inconscients et insensibles, sans autre souci que de ne pas mourir de faim ; ceux-là sont heureux, se dit Soran.

Devant lui, de l'autre côté de la Seine, l'horrible caserne de la Cité avec son architecture

1.

moderne de carton-pâte. A droite, heureusement, le colosse gothique, Notre-Dame, aux deux tours chenues de vieillesse et de neige; — là-bas, à l'horizon, le Panorama de la Bastille, comme un morceau de céruse sur le ciel de zinc.

Soran tourna à gauche, et s'en alla au hasard, les bras ballants.

Six heures et demie : quelques boutiques commencent à s'ouvrir; le boulanger enlève les volets en sifflotant comme un serin; il vendra aujourd'hui autant de pain qu'hier, et demain autant que la veille, et dans dix ans il se retirera avec trois mille francs de rente : il n'a jamais pensé, il ne pensera jamais; celui-là aussi est heureux, songea Soran.....

A cette heure-là, dans Paris, pas de gens qui pensent; dans la journée, au milieu de l'ignoble foule, on rencontre par aventure quelque esprit qui s'égare et se dépêche de rentrer chez lui, dépaysé; au point du jour, balayeurs, boutiquiers, cocher de fiacre éreinté, ivrogne, joueur décavé sortant du tripot, tout ce monde balaie, ouvre, conduit, titube et va se coucher sans penser...

Et, en voyant tous ces gens contents d'être, Soran se demande s'il est bien dans le vrai en faisant vivre son esprit, en cherchant à connoter l'impénétrable infini, et s'il ne vaudrait pas mieux boire, manger et dormir, bourgeoisement, sans penser...

« Mais, le pouvoir ! comme on serait heureux sans ces attaques de découragement qui vous empoignent et vous anéantissent ! Comme ils sont heureux ceux qui n'aiment pas le beau et que le laid n'écœure pas, et combien misérable ma nature que la moindre chose fait souffrir et que la vue de cette horrible caserne à côté de Notre-Dame remplit de tristesse ! Mais combien plus misérable elle serait sans ces tortures de l'esprit qui font oublier les autres... celles du cœur. »

Tout en songeant, Jacques avait traversé le pont Saint-Michel, passé derrière le Palais de Justice et il se trouvait dans la cour du Carrousel.

Dans cette crise de néant qui l'étreignait souvent, il ressentait comme une double courbature de l'esprit et du corps : il voulut tâcher de guérir au moins celle-ci, peut-être l'autre disparaîtrait-elle en même temps.

Un établissement de bains turcs venait de se fonder près de l'Opéra ; on lui avait dit que, grâce à une combinaison de sudation, de massage et de douches, l'homme le plus fatigué en sort dispos et comme renouvelé : il voulut essayer de cette sorte de vomitoire qui permet le surmenage à tant de Parisiens, et, une demi-heure après, il était au Hammam.

Il se déshabilla, se couvrit d'un pagne, et entra dans l'étuve.

Fréquenté surtout par les boulevardiers, le Hammam est désert à cette heure. Soran fut donc seul dans une salle sombre et haute en pierre nue, sorte de nef pseudo-mauresque, pseudo-romane; pas de fenêtres : de la voûte, la lumière tombe couleur d'eau sale, tamisée par une rosace en verres rouges, jaunes et bleus : tout autour, des manières de chapelles servant au massage, ayant, sous des robinets, des bancs de pierre comme à la Morgue.

Soran s'étendit sur une chaise longue, et suffoqua d'abord dans cette atmosphère surchauffée. Il résista, et, au bout de quelques instants, ses membres raidis se détendirent, la sueur ruissela sur son corps, et son esprit se perdit dans le vague.

Jacques Soran, à trente-deux ans, en paraît vingt-cinq au premier abord : mais on devinerait son âge à quelques petits plis des tempes, presque des rides, à sa démarche invinciblement affaissée. Soran est beau, non pas joli ; le corps, cultivé par des exercices quotidiens, est robuste et mince. Les cheveux courts par devant tombent demi-longs, sur le cou, en ondes noires. Le teint est blanc, avec ce don précieux et rare de pâlir également au froid et à la chaleur, et, sous des cils ombreux, pour éclairer ce visage d'un charme ineffable, l'œil est bleu, couleur d'infini : non, le bleu du myosotis, si pur que le paysan l'appelle : « œil d'enfant Jésus », ni le ton des ciels de l'Orient, trop chaud et d'une valeur trop intense : c'est le bleu de l'infini que quelques heureux ont peut-être entrevu tout au loin, dans le ciel, dans des arrière-plans éclairés par des nuages argentés.

Les joues et les lèvres glabres donnent à la tête comme un aspect austère et mystique, et le scapulaire qu'on voit en ce moment sur sa poitrine ne surprend pas.

Soran rêve : renversé sur sa chaise, le regard fixé sur un carreau de la rosace, il est comme hypnotisé par un rayon de soleil filtrant d'une fente ; il revit toute sa vie : son enfance, sa famille, le collège, ses voyages, et cet amour effrayant, absurde et impossible qui depuis si longtemps ronge son cœur, et que ni les plaisirs ni le mariage, ni le travail, ni la foi n'ont pu guérir… il revit toute sa vie, et se repaît de cet horrible cauchemar que l'étuviste vient enfin interrompre.

Jacques entra avec lui dans l'une des petites salles latérales.

Il s'étend sur une dalle, un morceau de bois sous la tête : penché sur lui comme le boulanger sur sa pâte, le baigneur lui donne deux ou trois tapes sur les cuisses comme pour prendre possession de ce corps, et le massage commence : la poitrine d'abord ; ses mains nerveuses partent du sternum dans le sens des côtes, descendent le long des pectoraux et les pétrissent pour les assouplir, et il semble à Soran que ses poumons s'élargissent et que l'air chaud y entre plus frais ; il ne pense plus, il s'abandonne tout entier, sans même essayer d'analyser ses impressions.

« Les jambes maintenant, » dit l'homme. Comme un anneau de fer, ses mains entourent les malléoles et remontent, glissant toujours serrées vers le bassin ; sentant malgré lui une troublante vibration, Soran instinctivement s'assure que son pagne le couvre encore.

Après les flexions des jambes et le massage des bras, la brusquerie désagréable et exquise de la douche.

Sous le jet cinglant comme un coup de fouet,

les fibres musculaires se lissent et s'assouplissent et le corps, tout à l'heure embrasé, recouvre une fraîcheur jeune. Alors, le bien-être est complet. le bain turc a produit son effet bienfaisant : la fatigue et l'énervement a disparu ; l'esprit lui-même est comme retrempé.

Pour la première fois, peut-être, depuis plusieurs années, Soran était presque heureux : il traversa la salle chaude pour se rendre à sa cabine, accompagné du masseur obséquieux.

Tout à coup, il s'arrête : le baigneur étonné le regarde : ses yeux se sont fermés convulsivement : il a pâli, ses jambes flageolent ; au milieu de cette chaleur, un froid de mort glisse dans ses veines, et il tombe sur une chaise. Il renvoie le garçon et reste là, assis, parmi les gens nombreux maintenant qui n'ont pas remarqué son trouble.

Les impressions physiques avaient sur cette âme sensitive une influence si grande, qu'à peine chassé de son lit par le cauch r il renaissait à l'espérance parce que ses poumons se dilataient et que ses muscles étaient souples ; et voilà que, tout à coup, il songeait à la triste réalité, à son pauvre cœur malade, à cette lutte contre lui-même qu'il soutenait depuis si longtemps, et qu'une apparition soudaine venait de ranimer, au moment où il croyait que le bonheur pouvait encore être pour lui :

Au milieu de ces corps écroulés sur les chaises, étalant les signes hideux de la dégénération d'une race caduque : des ventres obèses et ripeux, des visages bouffis par l'anémie, des membres tordus, des muscles atrophiés par la vérole ou la scrofule ; parmi ces hommes venus là pour surexciter un organisme moribond, un enfant de vingt ans apparaît, debout !

Il a la grâce gauche de la vierge ; son pagne, plus troublant qu'une nudité, semble glisser des hanches rondes et larges comme celles d'une femme. Les muscles peu accusés sont potelés et remplis de fossettes ; la ligne du dos n'est elle-même qu'une longue fossette disparaissant dans les reins cambrés comme par le corset. Il a la poitrine bombée et grasse de l'Antinoüs du musée du Capitole, mais les attaches des membres sont plus fines, plus aristocratiques. La tête est blonde, d'un blond lumineux de gamin, le nez un peu camus des soubrettes Louis XV ; et l'absence d'une canine donne à sa bouche petite et épaisse un air adorablement mutin...

Soran attendit qu'il eût fini et, quand il quitta la salle pour s'habiller, il le suivit haletant. Leurs cabines se trouvèrent voisines ; il le guetta et, quelques instants après, il sortit derrière lui.

A la porte, dans son trouble il perdit du temps, et l'enfant disparut, le laissant anéanti sur le seuil.

Jacques Soran rentra chez lui.

II

L'enfance de Soran ne fut pas heureuse........

Encore étudiant, son père eut pour maîtresse une petite blanchisseuse. Un matin qu'elle lui rapportait son linge, il remarqua plus que jamais une petite figure maligne, un petit nez, des petits yeux, une petite main ; tout cela lui faisait bien envie depuis longtemps. Il ne rencontra pas grande résistance, et, dès lors, chaque vendredi, elle fit chez lui des visites de plus en plus longues. Un jour, elle ne coucha pas chez ses parents, à Plaisance ; le lendemain soir, son père, vieil alcoolique, la rossa ; elle s'enfuit et revint chez son amant qu'elle ne quitta plus. Et qu'eût-il voulu de meilleur ? douce, un peu béate, avec des airs de chienne soumise ; toutes les prévenances du cœur et celles des sens ; parfois, il lui prenait des raidissements, ses yeux perdaient leur centre, ses dents se soudaient, elle gémissait; une boule lui montait du ventre à la gorge; oh! qu'elle savait l'aimer alors, et comme cette intensité de souffrance était chez elle une intensité de jouissance!...

Elle entra dans sa vie. Reçu interne, il n'habita pas à l'hôpital à cause d'elle; à ce moment ses ressources augmentèrent; il allait avec son chef chez des clients, aider aux opérations; il faisait des thèses, des traductions, et alors il vit sa maîtresse élégante; il s'étonna de la distinction de cette fille de lavoir, il put s'en passer moins que jamais, et, reçu docteur, il l'épousa.

Il s'installa dans une vieille maison, rue du Bac.

Aimé de ses chefs, il eut des clients, et ce fut alors le bonheur parfait; ne voyant personne, confiné dans son amour, il travailla et devint médecin des hôpitaux : il fut connu et gagna de l'argent.

Dès ce moment il dut recevoir, aller dans le monde, et il s'aperçut qu'il avait épousé une blanchisseuse.

Il ferma sa porte, et depuis ce jour, il fut triste.

Jacques naquit.

En rappelant ses premières sensations, il revoyait une maison morte: son père passant comme une ombre dans l'appartement antique, froid et haut, en laissant suinter sur lui un mou regard gris de tristesse; dans un fauteuil, sa mère lisant un roman.

Entre ses parents, l'amour avait disparu depuis longtemps ; l'amitié ne l'avait pas remplacé. L'unisson ne pouvait être entre ces deux natures. Son père regardant d'un œil mélancolique un avenir assombri par une imprudente mésalliance, sa mère aux idées inexistantes, jalousant un homme supérieur... Mais entre eux, jamais de querelles; une chose seulement, plus terrible, le silence. Jacques grandit dans ce silence. L'enfant, ne trouvant pas d'écho à ses effusions, se renferma. Il reçut peu de caresses, il n'essaya plus d'en donner. Il n'eut pas de camarades, cela fait du bruit; et, pourtant, il y avait, dans ce cœur essorant, des forces d'amour; du tempérament hystérique de sa mère, il lui venait quelquefois des envies d'embrasser. Il avait besoin de baisers. Mais, dans un mauvais jour, sa mère, devant une expansion, fut brusque et il ne la prit plus dans ses bras; et, pour son père, le respect avait absorbé l'amour.

L'enfant ne raisonnait pas ces choses.

Il vécut ces dix premières années comme une plante en cave sans chlorophylle, et il sentait autour de lui une odeur de malheur renfermé.

De vagues ressouvenirs devaient le hanter plus tard. Son père si calme avait quelquefois des impatiences pour sa mère comme s'il lui reprochait d'être là, et celle-ci pleurait et se résignait.

Il y eut un jour une scène, une seule, qui laissa dans sa mémoire une impression effrayante. C'était le soir, Jacques s'endormait dans son lit; il entendit du bruit : il traversa pieds nus la chambre de son père et, comme une ventouse, appliqua son oreille à la porte de la salle à manger. Ah! ce n'était plus là le silence dédaigneux ou désabusé, c'étaient des sarcasmes sur les lèvres de son père. Il ne comprenait pas tout, mais, grelottant à la porte il sentait que ces choses étaient dures : il eût voulu ne pas entendre, et il ne pouvait s'en aller. Une phrase le frappa comme une massue : « Vous ne savez seulement pas écrire pour commencer l'éducation de votre fils ! » Un gémissement répondit, puis un choc mat, et Jacques entra et couvrit sa mère de baisers : Oh! maman !.....

Elle gisait sur le parquet, les poings fermés, les bras étendus et les jambes raides, crucifiée. Et Jacques eut un regard de reproche pour son père.

. . . .

Jacques avait dix ans. Il ne pleura pas quand on le mit en pension. C'était à une heure de Paris, en pleine campagne, chez les Oratoriens. En quittant le souterrain de la rue du Bac, il arriva avec son père, au mois de septembre, au collège de Juilly. Cette nouvelle existence lui souriait comme un inconnu souhaitable. Il vit d'abord un grand parc ; des allées longues et larges, et, au milieu, un vieux monastère. Sur les arbres, l'automne a mis sa rouille et un grand calme règne là : c'est encore le silence, mais le silence au grand air.

Ils traversèrent tous deux les premiers jardins et entrèrent chez le supérieur. D'abord celui-ci embrassa Jacques et ce baiser semblait lui promettre de bonnes paroles, une bonne amitié ; il le prit par la main, et tous trois ils descendirent dans le parc.

Là, un immense marronnier devant un étang où l'on se promène en barque et l'on se baigne l'été ; plus haut, des pelouses pour les récréations. A côté, toujours au grand air, le manège. « Nous voulons avant tout des enfants heureux, dit le supérieur ; c'est le moyen sûr de les rendre bons ; nous souhaitons qu'ils s'amusent pour qu'ils ne désirent pas des amusements. Nous les amenons à l'amour du bien par les caresses et la persuasion : le but de l'institution est de remplacer la famille. » Le bon prêtre disait ces bonnes choses d'un bon air bon, et Jacques ne pouvait s'empêcher de ne pas regretter le gris de sa vie dans l'appartement antique froid et haut de la rue du Bac.

Il embrassa son père, ayant cependant quelque émotion, et puis il ne pensa plus qu'aux grands arbres, à l'étang, au manège, et au bon air bon du bon supérieur.

Le soir arriva, et, couché, il voulut penser : mais, tout de suite, ses yeux se fermèrent sur cette neuve vision, l'indéfini dortoir avec des rangées de lits blancs, et le clair-obscur de l'unique veilleuse.

Le lendemain commença la vie nouvelle. On lui donna de beaux livres neufs sur lesquels il écrivit son nom et qui furent à lui ; et il eut sa place, son lit, sa case. Il eut des choses et il en fut fier, et sa petite vanité s'éveilla à l'idée d'être possesseur.

Son père l'avait déjà fait un peu travailler ; il commençait à savoir quelque orthographe et il fut dans un assez bon rang. Il ne se fit pas remarquer : il n'était ni bruyant, ni remuant, habitué à être comprimé ; éprouvant déjà beaucoup de jouissances dans la contemplation de tout, car tout lui était nouveau, il était muet et il fut parfait, suivant la discipline.

Ce fut presque un ennui pour lui, lorsque sa mère, le premier jeudi du mois, jour de congé, vint le voir : il ne savait que lui dire, mais le premier moment passé, il l'embrassa beaucoup, car il était privé de caresses depuis un long mois. Il lui promit de bien travailler, d'être sage, comme il l'avait déjà fait en la quittant, la première fois, et il entrevit dans ses recommandations comme une grande mélancolie et une grande tristesse et il se rappela les paroles de son père : il lui parut qu'il devait bien aimer sa mère et il la couvrit d'amoureux baisers : ils pleuraient tous deux lorsqu'ils se quittèrent.

C'était maintenant, surtout, que sa mère commençait à l'aimer, maintenant qu'il était au loin. Quand elle l'avait auprès d'elle, il lui semblait un obstacle entre elle et son mari, une preuve trop frappante pour lui de l'union qu'il regrettait. Et puis elle en était jalouse : ce fils qu'elle avait fait, allait devenir instruit comme son père et elle resterait ignorante et elle en rougissait ; et cela n'allait pas sans un peu d'amertume contre son fils.

Mais quand il ne fut plus là, qu'elle fut seule avec son mari, l'amour maternel se réveilla entier et se fit jour dans ce cœur inculte. Elle alla le voir souvent et une douce intimité s'établit entre ces deux êtres primitifs, si voisins de sentiments, l'enfant commençant à peine à sentir, et la mère restée enfant.

Jacques était vraiment bien heureux à Juilly. Les bons Pères n'étaient ni sévères, ni exigeants, et, avec la tranquillité de sa nature caressante jointe à une certaine réserve acquise, il fut aimé.

L'hiver se passa monotone, avec des récréations dans la neige. Dans le contact des autres, son esprit commençait à se développer et, dès l'abord, cela allait bien avec sa nature peu parlante, il aima à observer les choses.

Les exercices religieux tenaient une grande place dans l'éducation des Pères ; il les pratiqua tout de suite machinalement, n'ayant pas une mère dévote ; puis bientôt son tempérament nerveux y trouva des douceurs indéfinissables, presque sensuelles, et il devint pieux.

Cela commença un soir, à un office de la semaine sainte. Dans la plus vieille chapelle du collège tous les petits étaient réunis et chantaient, en une langue encore incomprise, les lamentations de Jérémie. Il était assis, à sa place, son eucologe à la main, mais l'esprit bien loin, dans des rêves mal débrouillés d'enfant. Une senteur d'encens et de cierges, le parfum des sacristies et du prêtre montaient dans la nef; le dernier soupir du soleil mourant traversait les antiques verrières peintes longuement par le Temps; dans le fond, en haut, derrière lui, s'élevaient lentement comme une brume matutinale au sein de ce mystique crépuscule, les lents accords unitonaux des vieux chants grégoriens. Devant, à l'autel, le prêtre donnant le salut, les mains jointes, agenouillé; et l'enfant n'avait pas de grandes pensées sur les mystères, mais il se baignait dans une atmosphère de voluptueuse dévotion; et cette religion, aux manifestations si réelles, l'acquérait, en ce moment, par son extérieur.

Jerusalem! Jerusalem! Convertere ad Dominum Deum tuum!

chantaient les voix; et ces longues finales martelées étaient pour lui comme un appel venant de quelque nue inconnue et il s'y laissait aller sans raisonner toute cette mystique séduction.

On s'agenouilla.

Le prêtre, debout, les bras levés, montrait un symbole à l'adoration des fidèles, et sous les notes tintinnabulantes du carillon agité par l'enfant de chœur, tous ces gamins baissaient la tête.....

Jacques fut noté pour sa bonne tenue.

Le printemps était arrivé ; le mois de mai aux jeunes ensoleillements avait deux splendeurs à Juilly. Dans le parc, les arbres qui tout l'hiver avaient paru de grands squelettes carbonisés, s'animaient et cette époque était encore pour les Pères une occasion de culte. Les sombres chapelles s'éclairaient de fleurs en l'honneur de la Vierge Marie et Jacques, devenu enfant de chœur, passait ses récréations et quelquefois une partie des études en compagnie d'un jeune prêtre, dans le parc à cueillir des bouquets, et auprès des autels, à préparer des enguirlandements. L'abbé Gratien, chargé des cérémonies, s'était pris d'affection pour Jacques, et ils s'en allaient tous les deux, parmi les arbres, en causant. Il y a ainsi dans les collèges, surtout chez les prêtres, où leurs cœurs se rapprochent, des affinités entre des hommes et des enfants. Cette attraction devait surtout être beaucoup entre cet enfant si débordant de caresses contenues et ce prêtre contenant des affections si débordantes, châtré d'amis et de parents, ne pouvant encore se satisfaire dans le seul amour de Dieu, ayant besoin, purement, ô purement! de frôler et d'aimer un être réel.

Souvent, pendant ce mois de mai, à la récréation de quatre heures, il venait chercher Jacques. Ils s'éloignaient de la bruyante cour, tous deux seuls, dans des endroits solitaires. Ils coupaient de grandes tiges d'églantiers ou de lilas en projetant des décorations nouvelles. Ils causaient des causeries douces, et quand ils étaient fatigués, ils s'asseyaient. Et, devant ce grand réveil de la nature, au milieu de cette poussée de vie du printemps, le réveil de l'âme se faisait chez Jacques. Il avait pour son ami d'interminables questions et celui-ci y répondait d'une voix douce. Au reste, renfermé pour ses camarades, dont les allures turbulentes l'effarouchaient, il n'avait d'expansion qu'envers son grand aîné.

Le sentiment de l'abbé Gratien fut toute élévation.

Jacques l'avait choisi pour confesseur ; et, quand il venait s'agenouiller devant lui, les samedis soirs, il se sentait plus à l'aise que devant un autre Père. Sa confession était une causerie et ses causeries une confession. L'abbé avait sous les yeux une jeune âme nue et il en suivait avec amour la vive évolution. Un jour vint où cessèrent les aveux banaux d'avoir été distrait aux offices ; Jacques accusa certains troubles vagues de sa conscience et de ses sens ; l'abbé lui de-

2.

manda des détails ayant peut-être trop de sollicitude, et Jacques se livra entièrement à lui. Il avait surpris dans la sacristie des conversations de grands et des sourires l'avaient étrangement frappé; son imagination s'était exaltée, et, le soir, sous les draps, il ne s'endormit pas sans rougir. Jacques dit toutes ces choses, mais le mal n'existait pas encore; l'abbé, par ses questions zélées, fit le reste. Il lui recommanda d'être bien sage et le quitta, comme d'habitude, en l'embrassant.

La première année scolaire se passa; Jacques eut le prix de catéchisme; il s'en alla en vacances. Il avait revu souvent, les jours de sortie, l'appartement de la rue du Bac. Il le retrouva sans joie; mais il n'y resta pas longtemps. Son père avait loué pour l'été une maison au bord de la mer, près de Boulogne; il quitta pour quelque temps ses nombreux clients et tous trois ils s'en allèrent là-bas. Les vacances furent ce qu'était sa vie autrefois, monotones et tristes. Il eut cependant quelques distractions : les bains et les grandes promenades. Tous les matins, auprès de son père, Jacques travaillait un peu; mais il était gêné avec lui et n'osait lui faire toutes les questions dont il accablait son ami l'abbé. Avec sa mère, l'intimité avait augmenté et, soit dans le jardin, soit sur la plage, pendant que son père, à la maison, classait des observations de malades, il passait avec elle de longs instants. Il lui racontait sa vie, sa petite vie, chez les Pères. Elle s'étonnait de tout, et, en le voyant si doux, si simple, elle n'avait plus son amertume d'autrefois, elle devenait ambitieuse pour lui. Ce n'était pas Jacques qui rougirait de sa mère ! Il y avait, du reste, chez cette femme, une élévation de sentiments qu'un homme plus ordinaire que son mari eût peut-être mieux comprise. Elle savait parler à son fils, et, dans sa désespérance de tout, elle se cramponnait à cet amour avec rage.

Les vacances s'achevèrent sans incident : on repartit pour Paris et Jacques rentra à Juilly. Il lui semblait venir en vacances. Il revit ses camarades et leurs figures tristes de captifs l'étonnèrent un peu. Il regrettait bien sa mère, mais il allait revoir son ami. Il lui sauta au cou, en effet, le lendemain matin, et l'incolore existence recommença. Ils se retrouvèrent tous deux, au printemps, dans leurs vagabondages à travers le parc. Leurs causeries avaient déjà un tour plus sérieux et ses confessions des péchés plus graves. Il avait souvent réfléchi sur les questions de l'abbé Gratien. Celui-ci, après de vagues interrogatoires, était devenu plus précis, et le chaos naissait dans le cœur de Jacques. Après le circonspect « n'avez-vous jamais de mauvaises pensées ? » dans lequel le confesseur prudent, sans donner d'éveils malsains, espère faire comprendre ce qu'il n'ose demander, l'abbé Gratien désappointé par de sincères négations suggéra à Jacques l'idée d'attouchements inconnus, et, à la confession suivante, Jacques en avoua : c'est ainsi qu'une sublime institution jeta le trouble dans cette conscience naissante. L'abbé Gratien, avec une ingénue perversité, entretint cet état, et sembla vouloir se donner cette tâche de ramener au bien une âme dévoyée par ses soins.

Et, cependant, l'abbé était un bon prêtre ; sans avoir été jeté au séminaire par une inéluctable vocation, il tendait à la piété et devait y arriver : la pureté de sa vie était parfaite, mais, tout jeune, à vingt six ans, il avait des ignorances grandes que ne pouvait détruire l'étude des *Diaconales*, et des curiosités qu'éteindraient seules, plus tard, la vie et l'expérience.

Dans ce frottement continuel des camarades, Soran perdit bientôt son innocence ; mais un sentiment de propreté, un orgueil haut sauvegardèrent presque sa chasteté ; quelques fautes commises, mais tout de suite avouées, ne furent pas une habitude, l'attristant.

Un soir de ce second printemps qu'il passait à Juilly, vers sept heures, il quitta l'abbé Gratien et sortit de la chapelle du parc assez loin des salles d'étude. Comme il descendait par une petite sente, il rencontra Giraud, le grand qui avait dit devant lui des choses troublantes, dans la sacristie.

Giraud le regarda, sembla hésiter un instant puis se raviser, et lui tendit la main : « Que fais-tu donc ici ? — Je viens de quitter l'abbé Gratien, je cours au réfectoire, je suis en retard. — Attends un peu, tu as le temps. » Et, ce disant, Giraud, long jeune homme efflanqué, à la mine couleur de chlore, au front pustuleux, se rapprochait de lui, et, soudain, il l'embrassa, avec des frôlements des mains. Soran, sans comprendre, repoussa Giraud, d'instinct, et ces caresses le secouèrent. « Passes-tu souvent ici, à cette heure ? fit Giraud — A peu près tous les soirs. — Veux-tu que je vienne quelquefois causer avec toi, en sortant de ma leçon de piano ? Je te raconterai des choses épatantes ; les jours de congé ma mère me laisse sortir seul ; tu verras... Et puis, j'ai été au bordel. » Soran ouvrit de grands yeux en oyant ce vocable sonore, inconnu tout à fait. Il soupçonnait vaguement que Giraud n'eût pas dit ce mot devant un Père. — « Qu'est-ce que c'est que ça, le bordel ? — Reviens ici, demain soir : je te le dirai et nous nous amuserons bien. »

Giraud avait dit toutes ces choses avec l'air jouisseur de dire des saletés à un petit.

Ils s'en allèrent séparément vers le collège.

Le lendemain matin, en descendant à l'étude, Soran prit dans sa case un petit dictionnaire, et, tout de suite, il voulut y chercher BORDEL : la préface, d'abord, lui donna une vague désillusion ; un grave professeur sans doute, l'auteur de ce livre, savait avec quel soin scrupuleux doit être fait tout livre destiné à la jeunesse « et, dans les pages préliminaires, il semblait candidement prier les lecteurs de bien vouloir chercher les « vilains mots » pour s'assurer qu'on ne les y trouve pas. Soran fit ainsi.

Il passa d'abord par BORDÉE, terme de marine, puis par BORDEREAU ; mais, entre les deux, BORDEL n'était pas à sa place alphabétique.

Il en conclut que BORDEL était un vilain mot.

Dans la journée, un camarade, avec un petit air mystérieux, le prit à part, en récréation, et lui tendit quelque chose en le cachant. « Qu'est-ce, dit Soran ? — Un billet ; Giraud me l'a donné pour toi, à l'infirmerie. »

Très malin, ce Giraud : il avait dans son sac une collection de trucs pour se trouver toujours sur le passage des petits : tantôt c'était une leçon de piano ou de gymnastique (il prenait toutes les leçons particulières possibles), qui lui permettait de traverser le parc ou les cours ; les jours de fête, il chantait à l'orgue à côté des soprani ; il était souvent malade, à l'infirmerie, et jamais on ne le trouvait dans sa salle : mais, à seize ans, comme un vieil aberré passionnel, il rôdait, et c'était miracle qu'on ne l'eût pas encore exclu pour immoralité.

Dans ce billet, il donnait rendez-vous à Jacques pour le soir, dans le parc, près de la chapelle, et il terminait en « l'embrassant sur ses beaux yeux bleus ».

Soran fut très troublé. Bien souvent sa mère l'embrassait ainsi ; mais, de la part de Giraud, cela l'étonnait et le faisait rougir.

Il déchira le papier pendant que le jeune entremetteur, gamin à la mine hypocrite, s'en allait, l'air narquois.

Jacques hésita toute la journée : le soir, la curiosité fut plus forte, et, en quittant l'abbé Gratien, il attendit Giraud : en quittant l'abbé Gratien qui, comme il avait accoutumé, l'embrassa lui disant : « Adieu, Jacques, soyez bien sage ! »..... Mais aussi, pourquoi le dictionnaire élucubré pour l'usage des enfants l'avait-il averti que la définition du mot BORDEL serait amusante?

Giraud la lui donna en effet : et quelle! des femmes, être non soupçonné encore, étaient dans une salle dorée, avec des glaces : et l'on venait là, et elles vous accueillaient avec des sourires et vous caressaient : des caresses! et le pauvre petit Soran si déshérité d'amour contemplait ce lieu comme un paradis religieusement admiré, un paradis terrestre, avec l'ignorance du péché...

Le malin Giraud avait manqué son but : Soran voyait des femmes belles comme la sainte Vierge de la chapelle et lorsque le long rhétoricien voulut renouveler les frôlements, à l'air distrait, de la première entrevue, Jacques regarda avec dégoût, après ces belles femmes de tout à l'heure, ce visage couleur de chlore, ce front pustuleux, et il s'enfuit : le mal venait de lui apparaître, laid!

. . . .

A la fin de cette seconde année scolaire, Soran n'eut pas le prix de catéchisme : il obtint seulement un premier accessit de version latine et le premier prix de dessin : depuis peu venait de se révéler chez lui un sentiment encore informe de la forme : souvent, dans ses embellissements de la chapelle avec l'abbé Gratien, il avait composé des décorations bizarres et exquises, et son esprit n'était maintenant plus seul à voir : les réalités frappaient ses yeux et le laid déjà lui faisait mal : un vieux christ gothique, effilé et ténu, l'attirait souvent et il passait de longs moments dans la contemplation de cette chose belle et déjà comprise.

Tantôt, aussi, il montait à l'orgue. Dans leurs incessantes stations à la chapelle, l'abbé Gratien lui avait donné les premiers principes et, vite, avec fièvre, il fit des progrès. Cette si belle musique religieuse qui l'avait fait pieux le captivait maintenant, et, grâce à son protecteur, il passait presque toutes ses récréations dans l'étude des antiphonaires ou dans d'extatiques improvisations.

. . . .

Jacques était depuis trois années à Juilly lorsque son père mourut d'une diphtérie contractée dans son service. Le premier il avait employé le brôme dans le traitement du croup, et « la terrible maladie sembla vouloir se venger sur celui qui allait peut-être la détruire, » dit un de ses confrères sur sa tombe.

Jacques n'eut pas un grand chagrin : les phénomènes extérieurs de ce moment ne lui permirent pas assez de se replier sur lui-même, le distrayant : la nouvelle toilette de sa mère ; le défilé des gens notés indifférents dans son flair d'enfant, venant se condouloir avec elle ; le mouvement de l'enterrement ; « les quelques paroles prononcées sur la tombe ».

Et puis, ce fut le changement de collège : sa mère voulut l'avoir plus près d'elle, à Paris ; et puis, encore, dans son esprit, de vagues désirs d'indépendance avec la disparition du maître.

Et, pourtant, Jacques pleura beaucoup, et, cela, aussi, l'occupa.

Il arriva à la rentrée, au lycée : comme un vieux monastère aussi, celui-là, mais noir avec des airs de Mazas, et pas de parc. A côté, des reconstructions, comme une cravate blanche sur un costume de grand deuil.

Le proviseur ne l'embrassa pas, mais lui dit : « Monsieur, » et la porte de fer se referma.

Là, il s'ennuya, pleinement.

Tout l'ambiant l'écœura : la cour, carrée comme une fosse aux ours, ayant, en façon d'arbres, des pieux ornés de feuilles : tout autour, des murs hauts : plus de ces bonnes parties de barre ou de balle : on ne joue pas, on se promène en causant ; des pions sales, aux mines hâves de bohèmes, ou d'autres élégants comme des garçons de café déjà un peu entrevus; et puis, non des collégiens, des *potaches* : Girauds déjà à femmes, avec des tuniques serrées, et des poses : fumant dans les cabinets et lisant des journaux.

Deux années se passèrent, longues. Après le baccalauréat obligatoire, la porte de fer se rouvrit et Jacques eut comme la sensation d'entrer dans la vie : il se redressa fier, étudiant. Sa mère alors l'eut tout entier à elle; docilement, bien que n'en sentant pas le besoin, il prit des inscriptions à l'École de droit, « pour avoir un titre », sur le conseil de son tuteur, bourgeois plein de bon sens. Il suivit les cours et goûta peu les controverses. Le droit romain avec ses solennités et ses rigueurs logiques de talion l'amusa cependant un peu et il fut assez assidu à l'École.

Là, il fit des connaissances. Des beaux messieurs bien mis venaient avec des serviettes sous le bras : les favoris absents, taillés à l'uniforme, ils semblaient déjà des magistrats et ils faisaient de grands gestes. Ils parlaient beaucoup de l'avenir et « d'arriver » et, dans la rue, discutaient encore des points de droit. Jacques, un jour, donna son avis; spontané et sincère, il parut bien jeune et la liaison se fit, protectrice ; mais ils furent polis et très gens du monde, étant de l'autre côté de l'eau. Soran les trouva ennuyeux et outrecuidants ; il fut vite fatigué de ces petits ambitieux parlant beaucoup de députation en se gardant de froisser leur faux-col.

Il vit aussi, là de purs étudiants ; leur simplicité apparente le séduisit et il alla avec eux prendre un bock au café. Cela se fit un jeudi soir :

En sortant d'une conférence, vers dix heures, Jacques se laissa entraîner et, pour finir une discussion, on entra dans une brasserie de la rue Soufflot. Bien qu'il y eût encore peu de monde, l'on se dirigea tout de suite dans le fond : au reste, rien d'intéressant : une brasserie comme les autres, lui dit-on, car il n'en connaissait aucune ; seulement, celle-là était amusante parce que, les jours de Bullier, comme aujourd'hui, il y venait des femmes. La discussion qu'on devait finir au café avait cessé presque sur le seuil de l'École ; ce n'étaient plus les orateurs qu'il avait connus d'abord, ceux-ci ne posaient pas et ils lui plurent.

Soran, dépaysé, buvait, à petites gorgées, la lourde bière allemande ; les autres, dans leur vanité de collégiens émancipés, empilaient des soucoupes et commençaient à faire du bruit. Les clients, peu à peu, apparaissaient : d'abord, de vieux habitués, venant très bourgeoisement prendre un « demi » après avoir travaillé un peu. Ils entraient lentement, cherchant machinalement leur place habituelle, contrariés s'ils ne la trouvaient pas libre; ils s'asseyaient, et, déjà, les pipes ennuageaient l'air.

Puis des gens arrivaient de Bullier, le chapeau en arrière, fermant la porte avec bruit, d'aucuns ayant des femmes au bras.

Le tapage alors naissait vraiment.

C'étaient des entre-croisements de bruits de chaises, de : « Garçon, un bock ! » de : « Bonjour, mon chéri, qu'est-ce que tu paies ? » Les nouveaux amis de Soran, ayant retrouvé là beaucoup de connaissances, ne parlant même plus de choses indifférentes, gueulaient à tue-tête des chansons sales. Soran... un peu choqué d'abord, les trouva bons enfants et il ouvrait de grands yeux pour mieux entendre. Un groupe, à côté, des Méridionaux, avec de fortes voix de ténors, se distinguaient surtout. L'un avait entonné la *Marseillaise*, puis, comme le premier mot du second couplet échappait, on commença un cantique avec un rythme de café-concert. Jacques fut...

un peu froissé. Tout de suite après ils chantaient le refrain :

> Il faut la voir le long de la rivière,
> Tortillant du... (*un temps*), tortillant du derrière.

brusquement remplacé par un fracas de soucoupes avec un : « Charles, une tournée ! » lancé d'un timbre tonnant. On avait servi un second bock à Jacques et, croyant son amour-propre engagé, il le tétait avec la peur de sembler ridicule. A ce moment, le tumulte était à son comble. La porte venait de s'ouvrir et des hourras, « Bravo Marie ! », « Par ici Cloclo ! », accueillirent l'entrée majestueuse de chapeaux à grandes plumes, de robes indicibles couvrant d'anciennes petites ouvrières endimanchées en filles. L'une, d'abord, « engueula un type », mais elle réussit mal, car l'esprit de corps se montra et les huées des étudiants furent telles, les insultes si ignobles que le patron, peu poliment, la mit à la porte. Les autres s'assirent un peu partout et, probablement, jeûnant depuis la veille, se précipitèrent affamées sur des écrevisses offertes.

Soran était un peu écœuré.

— Ah ! ce vieux Giraud ! un ban pour Giraud ! Jacques leva la tête : un beau jeune homme, très distingué, entrait et serrait des mains ; Jacques le reconnut. Ce n'était plus la mine hâve et boutonneuse du rhétoricien de jadis : l'usage des femmes avait assaini ce visage et une jolie barbe en pointe, une fine moustache, un bon tailleur, faisaient présager des succès ; Giraud, très à l'aise, reconnut Soran ; il le présenta à sa maîtresse : elle fut aimable puisque Jacques était beau et timide. Giraud était très gai, n'ayant plus que sa thèse à finir pour être reçu docteur en médecine, et, tout de suite, il dit à Jacques :

— Qu'est-ce que tu prends ?

— Mais,... rien ;... j'ai déjà bu deux bocks avec peine.

— Allons, voyons... tu ne m'en veux pas, je suppose, des petites histoires d'autrefois ; des bêtises, tout ça ! Quand on est jeune... Allons, prends quelque chose. Garçon ! un bock pour monsieur.

— Non, merci, dit Jacques, pas de bière.

— Ah ! ah ! mon gaillard, fit Giraud, en riant aux éclats, tous mes compliments. Charles, donnez donc un orgeat à monsieur.

Soran s'étonnait que cette consommation fût si comique et il se laissa faire.

— Messieurs, l'on ferme ! dit le patron. Il est deux heures... je vous en prie...

Alors le fracas fut épouvantable. Toute cette

jeunesse intelligente dont les pipes et la manille étaient la seule distraction, se décidait difficilement à aller se coucher, et c'était par des hurlements qu'ils accueillaient le malheureux cafetier ahuri. Les uns voulaient finir la partie commencée; ils auraient tué le garçon plutôt que de se laisser enlever le tapis. D'autres commandaient une choucroute, et ce prétexte à douze sous leur permettait de demeurer quelques minutes encore. Dans un coin, un exotique brun, très élégant, les souliers effilés, le pantalon à pieds d'éléphant, sans un sou dans sa poche, traitait pour la nuit avec une fille. Les amis de Jacques, presque saouls, avaient repris la grande discussion d'économie politique et quand le patron voulait les faire lever, ils se contentaient de sembler ne pas l'entendre. Les Méridionaux, aux fortes voix de ténors, hurlaient le *Chant du départ* en marquant le temps fort à coups de poing sur les rallonges de zinc. Une femme, en prenant son manteau, renversa une énorme colonne de soucoupes qui roula sur le plancher, et le garçon l'engueula. Cependant quelques consommateurs étaient partis, plus raisonnables, et des éclaircies se faisaient aux tables. Les tapageurs, entendant moins de bruit, se calmaient, et, en un quart d'heure, la salle finit par se vider tout à fait. Jacques prit congé de ses amis qui voulaient encore l'emmener à « la Tartine » et respira enfin à pleins poumons en descendant le boulevard.

Il prit le trottoir de gauche plus calme.

Une froide nuit de décembre ; une petite pluie fine, l'air anodin, tombait très vite, et Soran, le col de son pardessus relevé, se dirigea rapidement vers la rue du Bac. Il passa devant des « Tartines » où il entrevit encore des femmes dévorantes et des étudiants ivres. Sur le pas des portes, des sergents de ville s'abritent, tandis que, sur l'autre trottoir, les pieds dans l'eau, la tête nue, les femmes déambulent, l'air suppliant.

Jacques entrevoyait toutes ces choses à peine. Par quelle association d'idées, après ce spectacle si gai de tout à l'heure, après avoir vu des gens fêtant, des femmes en liesse, était-il étreint d'une affreuse tristesse ? Il pensait maintenant à la mort : à la mort de son père, à la mort de sa mère qu'il pouvait trouver morte en rentrant, à sa mort à lui, Soran, naissant à peine à la vie. Pourquoi, comme une émanation putride, le dégoût montait-il en son âme ? Pourquoi ce soir-là tout ce que sa courte existence avait déjà eu de chagrin se résumait-il en une grande désespérance d'un avenir se promettant heureux ? Lui si doux sentait une haine atroce pour tous ces gens qu'il avait vus ce soir, une haine atroce, et, pourtant, si doux, une grande pitié. Il avait bien arrangé sa vie : il « ferait sa licence en droit » pour sa mère, il ferait sa licence en droit sans enthousiasme, sans beaucoup de peine ; et puis, parallèlement, il vivrait... Il trouverait un ami ; il avait besoin d'un ami ; tous deux, pour eux, ils vivraient dans l'art et dans le beau. Il avait tant de choses à faire, et si belles : la musique d'abord : sa mère, prévenante, riche du reste, lui avait acheté un orgue et un piano ; il se promettait d'étudier la musique religieuse, puis tous les classiques : Bach, dont il jouait maintenant les fugues, Schumann et Beethoven. Il jouerait tout cela, à quatre mains, avec son ami. En même temps, dans un bon cabinet de travail, entouré de bibelots dont son père lui avait laissé le goût, au milieu d'une atmosphère de livres empilés et toujours dérangés, il chercherait ; il chercherait le critérium, le Grand Critérium de croyances jusque-là trop de nerfs ; il épuiserait toutes les œuvres des philosophes vaguement aperçus dans des manuels arides et surtout convenus. Il avait ouvert la Bible : il lui semblait que derrière des symboles étaient célées des révélations. Mais quand la comprendrait-il ? la comprendrait-il jamais ?...

Il chercherait avec son ami dans le cabinet de travail rempli de bibelots et de livres, et pour se reposer il jouerait avec lui tant de belles choses !...

Mais il ne trouverait pas d'amis, puisque, tous les individus qu'il avait rencontrés jusque-là, l'élite pourtant, l'écœuraient. Il n'en trouverait pas parmi les beaux messieurs plus ou moins futurs députés ou magistrats, en ayant déjà toutes les vertus et la barbe ; ignorants de l'art comme d'une Amérique non découverte ou le poisson de la pomme, mais parlant beaucoup ; sans amour du reste, comme sans haine, ou d'une chose ou d'un être ; sans vie, donc, et lui, voulait vivre...

... Ni parmi les autres, les sympathiques, les bons enfants qui disent, beaucoup, des saletés et battent les femmes, vivant avec elles dans une promiscuité de quartier Latin, au mieux de leur bourse, en leur volant des nuits... plus hideux, ceux-là, que les autres ; les autres ayant un but, encore que mesquin, ceux-ci vivant au moment le moment, moments de café et de cartes.

« Ah ! Jacques Soran, combien vous vous préparez un avenir triste, triste, si à vingt ans vous avez déjà de ces haines et si vous êtes revenu de tout sans y être allé ; déjà vous avez senti, avec une expérience future, anticipée, que l'amour seul, mais un certain amour, un amour certain enfin, doit vous rendre heureux, et que ces femmes pour lesquelles vous avez pourtant moins de mépris que pour leurs amants, ne pourraient vous le donner...

« Et cependant que ces haines vous secouent, elles ne sont pas sans douceur ; douceur d'espoir surtout, douceur de l'espoir qu'elles vous feront mieux aimer. »

Une voix très vague lui parlait ainsi, et il se répondait, à cette voix : « Oh ! je hais ; je hais tous ces êtres qui ne sont pas eux, qui sont les autres, qui sont pour le monde et non pour un ; je hais les uniformes et les programmes, mais combien j'aimerais celui, celle, peut-être, que je rêve et que j'appelle... »

. . . .

III

. . . .
. . . .

Le matin, en été, le Luxembourg, malgré la géométrie des allées, le convenu des canards, le Louis-Philippe des statues, les chevaux de bois encore au repos, l'uniforme laid des gardiens, est un endroit très désirable.

Soran y venait souvent, vers huit heures : à ce moment le jardin n'est pas encore profané par les visiteurs limitrophes, et un rare étudiant, un plus rare bourgeois seulement, y est entrevu.

Des petits coins calmes, un peu loin du boulevard, là-bas, sur la rue d'Assas, très retirés : pas de roulements de voitures ni d'enfants gueulards jouant au sabot, pas de femmes honnêtes en quête d'amours instantanés, ni de promeneurs peu fortunés en chasse de bonne fortune, on est seul, et Jacques pouvait se croire au collège, dans le parc.

Ce jour de juillet s'annonçait torride :

Très matineux, le soleil dessine des lumières éclatantes par terre, sous les arbres, et une légère brise agitant les feuilles et leurs ombres, il semble un sublime badaud, qui ferait des ronds dans l'eau en y lançant des louis d'or.

Soran, sur un banc, a bientôt fermé le livre emporté, un manuel de Code civil et le voilà loin des empêchements dirimants du mariage et des petits soucis de l'examen. Comme une lancinante obsession, ce désir, réalisé presque autrefois avec l'abbé Gratien, trouver une âme sœur, une âme compagne, le harcèle, et il commence à le croire bien vain.

Ce n'est pas le troublant éveil de sens vierges ni l'animal appétit d'un sexe ; oh ! bien plus haut sentiment ! C'est comme une élévation de son cœur vers un autre cœur, de son esprit vers un autre esprit, aspiration vers une sublime amitié sans sexe, vers un platonisme radieux non trompeur, l'union dans l'amour des mêmes choses, peut-être dans la haine de tout.

Où chercher, non cet homme, non cette

femme : cette âme! Tout faire avec elle et en elle : pleurer sans doute, mais quel grand bonheur d'être deux à pleurer! s'exiler, fuir loin de tous et de tout et, après avoir haï à deux, étant seuls maintenant, être deux à aimer et à admirer...

Et les pensées de l'autre jour, lorsqu'il sortit de la brasserie, revenaient, s'imposant plus fortement encore.

Jacques, maintenant, s'acheminait lentement vers le milieu du jardin, et, affamé d'amour, assoiffé de caresses, il rentra chez lui pour embrasser sa mère.

Leur amitié, depuis la mort de son père, n'avait fait que grandir et Jacques avait en elle un ami qui peut-être lui eût suffi s'ils avaient pu avoir les mêmes dégoûts et les mêmes enthousiasmes.

Il la trouva très gaie ce matin-là, et très aimante.

Après le déjeuner, comme c'était dimanche, un vieux désir, atavisme d'ouvrier, se fit chez elle, de s'aller promener au Luxembourg.

Jacques redoutait bien le bruit et la foule, mais, très docile, il l'accompagna.

Le jardin est méconnaissable. Sur une vaste plate-forme surplombant le bassin, et entourée d'une rampe en pierre, des gens sont assis sur des chaises bancales. Des bonnes d'enfants avec des marmots horribles qui font du bruit et de la poussière, jacassent ; des gamins vous jettent leurs cerceaux dans les jambes.

Pas d'ouvriers, mais la nauséabonde quintessence de la bourgeoisie est là : des femmes d'épiciers y amènent leurs filles dans l'espoir d'une intrigue avec un naïf jeune homme : un ignoble maquerellage se cache sous un familial aspect.

Des étudiants élégants se promènent par groupes le long des femmes faisant tapisserie, et, d'un coup d'œil, voient s'il « y a quelque chose à faire ».

A l'écart, sur un banc, çà et là, des filles mal entretenues attendent une occasion dont elles jouiront avidement en se faisant prier.

Tout à coup, oh cette musique !

Une garde républicaine quelconque à grand renfort de cuivres et de tambours a commencé un pot-pourri d'un Faust quelconque et de braves commerçants du quartier ayant retenu leur chaise une heure à l'avance se pâment sous ce concert gratuit, cependant que, tout autour, dans un va-et-vient d'ours en cage, une cohue se meut.

Jacques rencontra quelques camarades : les uns, ceux de l'autre côté de l'eau, très corrects, le saluèrent avec un respect exagéré pour sa mère qui le choqua ; les autres, les braves garçons pas poseurs, les Méridionaux surtout, l'accueillirent d'un simple : « Adieu, Soran ! » qu'il trouva court.

Sa mère rayonnait.

Il l'entraîna rapidement dans un endroit moins répugnant, et ils sortirent enfin sur la rue de Vaugirard.

Elle s'appuyait sur son bras, fière de ce beau garçon et, en ce moment, après ce chaud soleil, le bruit de cette foule qui l'avait grisée, ces couples d'amants qu'elle avait vus glissant parmi les arbres, à l'écart, elle était amoureuse de son fils, et heureuse si quelques-uns, en les voyant ainsi, la pensaient sa maîtresse.

Même, un moment, elle l'embrassa, là, dans la rue, et rougit d'aise aux chuchotements des passants.

Ils traversèrent la rue Bonaparte, au carrefour, près de Saint-Sulpice.

A cette heure, les voitures sont nombreuses, et, au grand trot, se dirigent vers la gare Montparnasse ou reviennent au centre de Paris.

Un fiacre arrivait très vite : Jacques retint

brusquement sa mère pour l'éviter, et, renversés par un omnibus venant en sens contraire, ils roulèrent tous deux.

Soran très meurtri se releva, fou, au milieu d'un rassemblement aussitôt formé :

des badauds, trop heureux de trouver une émotion à si bon marché, se pressaient pour voir,

des femmes passaient très vite ayant peur,

des ouvriers commentaient l'accident,

des employés, baguenaudant, donnaient leur avis d'un air entendu ; c'était la faute du cocher ; il devait tourner à droite,

un sergent de ville s'approcha, et prit des notes.

Cependant la mère de Jacques poussait des cris déchirants ; les roues avaient passé sur les jambes et les avaient presque séparées du tronc.

Soran, hébété, semblait insensible et tous ces braves gens étaient scandalisés de son impassibilité.

On avait apporté un brancard et l'on conduisit la victime chez le pharmacien : les uns avaient couru très vite se poster à la porte pour la bien regarder au passage, pendant que d'autres suivaient.

Jacques avait dû d'abord donner son nom et son adresse, puis il eut un désir très net de se jeter sous une voiture, mais il tomba évanoui et on l'emporta aussi.

Le pharmacien, très ennuyé de cet encombrement, préparait néanmoins des bandelettes de diachylon et des compresses de gaze phéniquée.

On attendit longtemps que les gens, à la porte, fussent partis et Jacques, revenu à lui, suivit le déjà funèbre cortège et rentra rue du Bac.

Une heure après le médecin de la famille arriva : avec des circonlocutions très embrouillées il annonça à Jacques que l'amputation des deux jambes était indispensable, le seul espoir même, bien faible espoir de sauver sa mère.

Il refit un pansement complet, écrivit une ordonnance, sur la prière de Jacques, pour enlever au moins la douleur, et après avoir annoncé que l'opération aurait lieu le lendemain matin, il s'en alla dîner tranquillement.

Jacques sanglota longtemps dans un fauteuil, puis il finit par s'endormir.

Quand il se réveilla, sa mère était morte.

IV

Il voyagea.

Il voyagea beaucoup ; il visita l'Europe et il vit d'autres latitudes. Se fixant quelquefois dans un endroit séduisant, il ne pouvait toujours éviter les « relations forcées », et, aussitôt qu'une à peine se dessinait, il fuyait.

Car, encore trop jeune, pas assez mûr pour la parfaite retraite, il n'osa essayer que des lieux habités.

Il lui sembla que les hommes partout étaient les mêmes et ses meilleurs moments furent les premiers, quand il n'entendait pas encore le langage ambiant.

Il n'apprit pas de langues étrangères, actuelles du moins, les conversations le chassant.

Les pays du soleil l'attirèrent d'abord.

En Italie, il ne fit que passer, car, très vite,

dans les tables d'hôte, il comprit les colloques ; au reste, ce ciel éternellement bleu, comme un visage impassible, l'ennuya bientôt, et puis, toutes ces cathédrales et ces peintures recommandées par les Bædekers et autres Joannes lui parurent déflorées par trop d'admirations antérieures. Il entrevit le souverain pontife et trouva très laid l'uniforme de ses gardes.

La Turquie lui plut par les difficultés de sa langue ; il pensa cependant qu'avec leurs nombreuses femmes les adeptes du Coran la cultivaient très peu et cette polygamie lui sembla voiler des monogamies moins officielles.

Il traversa la Méditerranée et débarqua en Afrique. L'Algérie remplie de soldats et de fonctionnaires l'amusa très peu. Il retrouva les burnous entrevus dans les foires et chercha des yeux les Arabes.

Il tenta des excursions dans le Sud ; il y eut très chaud, à la vérité, mais ne rencontra pas de lions.

Il vit encore bien d'autres pays.

Il atteignit vingt-huit années dans cette vie nomade, et il finit par revenir en Europe.

Il se trouva un jour en Belgique, en plein Borinage. La tristesse et le silence des habitants lui plut.

LA RETRAITE

LA RETRAITE

I

A peu de kilomètres de Mons, en passant par Cuesmes et Frameries, après avoir traversé des paysages désolés qui semblent refléter une tristesse interne (des mineurs sont là-dessous, peinant) comme une fraîche oasis dans ce morne désert, on gagne un charmant réduit, plus charmant de l'aridité environnante.

Combien, du reste, en arrivant, le voyageur ulcéré comme Soran est disposé pour en jouir !

En sortant de Mons, des routes moins plates que le pays, pavées d'un pavé bossué, atroce, vous secouent affreusement, cependant que se déroule un panorama alarmant ; des champs de betteraves ou de pommes de terre ; là un arpent de blé ou d'avoine : toute cette verdure est noirâtre comme nourrie de charbon ; tantôt, la blonde chevelure cendrée de l'orge.

En tournant la tête, on aperçoit Mons, la ville Mont, bâtie en gradins, et la tour de son château, semblant, avec ses allures byzantines, la flèche pleine d'anachronismes de l'église voisine ; au pied, comme, un peu, dans les environs de Paris, une campagne très soignée, élégante, avec une petite rivière.

A l'horizon, en continuant, de lourds nuages très noirs déteignent sur des nuées plus pâles : c'est les charbonnages avec leurs cheminées couleur de suie et leurs constructions de planches et de briques ; à côté, des collines de terre mêlée de charbon complètent cette lugubre toilette ; en un plain-chant mortuaire, des ululements sourdent plaintivement du sol, comme de très loin : c'est la machine qui sans cesse remonte et enterre les ouvriers.

Le village des mineurs, Frameries, est propret et un peu sali : on dirait d'un homme très noir qui voudrait se bien débarbouiller : des bandes d'enfants, huit ou dix, deux ou trois, se vautrent dans les ruisseaux ; blonds pour la plupart, avec des têtes de chérubins un peu nègres : beaucoup d'enfants ; le mineur, c'est son seul plaisir, est très prolifique : n'est-ce pas aussi le sort commun, qu'il naisse beaucoup de malheureux ?

Tous ces enfants sont très beaux.

Voici venir des mineurs ; ils ont passé dix heures à un demi-kilomètre sous terre : les femmes d'abord ; leurs cheveux blonds entourés d'un filet qui retient la poudre charbonneuse semblent plutôt châtains ; de fortes mamelles ignorantes du corset fluent un peu sous la blouse et des mollets nerveux d'hommes apparaissent au bas d'un pantalon court ; puis des ouvriers aux allures plutôt moins robustes : le dur travail qui développe les unes étiole les autres.

Les visages qui furent beaux se sont épaissis d'anémie : et, à leurs yeux brillants dans ce teint sombre et très étonnés de la lumière, on dirait plutôt de bêtes rôdant : tous ces gens ne parlent pas, ils n'ont rien à se dire et sont très fatigués.

Presque à chaque maison, un *estaminet* : aussitôt mariées, les femmes ne descendent plus à la mine ; elles s'occupent du ménage et des enfants et se leurrent d'un petit bénéfice en débitant quelques tonneaux de mauvais genièvre ou de pire bière.

Devant les portes, des mineurs se reposent : les uns, assis sur leurs talons, fument leur pipe ; d'autres, plus nombreux, jouent aux billes ; d'autres, à plat ventre, dorment.

Soran fut assez séduit, dès l'abord, par ce grand calme ; mais, pourtant, il était loin de penser à se fixer dans un pays aussi laid, lorsqu'en sortant de Frameries, il fut surpris d'un bouquet de verdure, bien plus joyeuse celle-là, et plus claire : ici, l'on s'éloigne déjà du pays houiller, c'est la campagne très gaie ; des petites maisons sans étage, blanches ou bleues, ou roses, avec des contrevents verts ; très amusantes, en somme ; et puis, des bois un peu plus loin ; et puis, surtout, un peu plus loin, pas d'usines, la grande ligne nue de l'horizon.

Soran devait, après cette promenade revenir passer la nuit à Mons, et y rester quelques jours.

La voiture était arrivée à un carrefour ; d'un côté, la route qui va à Maubeuge ; en face, une longue allée de grands arbres conduisant à une grille l'intéressa : il mit pied à terre, paya la voiture, ayant envie de se promener, et sans savoir s'il trouverait une auberge.

Il y avait là une vieille construction, assez vieille, mais en très bon état. Devant, au bout de l'allée bordée de grands arbres qu'il avait vue tout d'abord, une vaste cour, sorte de jardin plutôt, avec une grande pelouse : de chaque côté, les communs et la loge du concierge. Les seuls rideaux de celle-ci et les volets fermés de la maison témoignent que, sans doute, à en juger par les brins d'herbe entre les pavés et à voir les arbustes mal taillés de la pelouse, elle est inhabitée depuis longtemps.

Avec des idées vagues, Jacques sonna : un vieux bonhomme, l'air ahuri, arriva, et, sans trop de peine, grâce à des expressions très simples, Soran se fit comprendre.

Il apprit que le *château de Noirchain,* comme disait le vieux, avait appartenu pendant longtemps à une vieille fille qui ne l'avait jamais habité, se contentant de transformer le parc, qu'il allait voir tout à l'heure, en pâturage, les écuries en étables, et qu'elle avait toujours refusé de le vendre : depuis quelques mois, la vieille était morte. Elle laissait un unique héritier, habitant Paris, très Parisien, qui attendait l'occasion de s'en défaire, laissant le domaine abandonné sous la garde du concierge, habitant là avec sa femme et sa fille.

Avec toute l'obséquiosité dont peut être capable un Wallon, le vieux bonhomme, un ancien mineur probablement, qui faisait là ses invalides, proposa à Soran de lui faire visiter le domaine.

Au rez-de-chaussée, beaucoup de pièces et très vastes, salon, petit salon, salle à manger, boudoir. Un large vestibule avec ses colonnes doriques, cannelées, au fronton triangulaire, marque assez purement une époque Louis XVI. Dans le grand salon, quelques meubles de l'Empire aux bronzes très finis où des manques de dorure couverts de vert-de-gris et des décollements du placage d'acajou témoignent d'un long abandon : un lustre en cristal de même époque, très lourd, avec des femmes en costume grec portant encore des restes de chandelles ; sur les murs, des peintures maladroitement revernies dans une tentative de restauration, montrent un sujet de chasse quelconque dans le goût de la fin du siècle dernier. Une large porte vitrée s'ouvre sur un perron dans un immense parc très mal entretenu. Avant de monter aux étages supérieurs, Jacques voulut le visiter. Devant la maison, ou plutôt derrière, une pelouse où des vaches paissent songeusement ; à gauche, une chapelle gothique et un pigeonnier avec une petite maisonnette très basse présentent les vestiges délabrés d'une construction qui dut précéder.

Le parc de quinze ou dix-huit hectares avec de très grands vergers environnants, une pièce d'eau très sale du reste, pouvait expliquer un peu l'ambitieuse dénomination de château.

Longeant la pâture, Soran, avec son guide qui semblait bien plutôt un débris d'une gargouille descendue de la vieille chapelle, examinait.

C'est bien là une retraite : aucun bruit n'arrive du dehors, les grands arbres avec leur verdure un peu sombre semblent appeler et favoriser les réflexions : très doucement une brise subtile ride la surface de l'eau qui coule lentement avec un clapotis timide rythmant les pensées.

Des souvenirs le hantaient ; il se trouvait bien vieux avec son peu d'années et il était heureux de ressaisir les anciennes impressions jeunes du si doux jadis qu'il avait vécu à Juilly.

Il venait de voyager beaucoup et très vite, n'ayant pas, pourtant, le goût des voyages ; casanier plutôt : il l'eût été si volontiers : n'avait-il pas rêvé autrefois de s'abstraire du monde tout à fait ?

Mais il avait toujours hésité, se défiant de lui-même : après la mort de sa mère, sous l'impression plutôt physique et brutale de l'accident qui l'avait tuée, il s'était éloigné : tout d'abord, il songea fermement à faire profession dans une chartreuse ou une trappe.

La trappe, surtout, l'attirait avec son éternel silence et son mutisme parfait ; puis, il se dit, plus sagement, que la règle peut-être lui pèserait bien vite et que, peut-être aussi, il retrouverait là, dans une concentration terrible, les petites petitesses du monde qu'il voulait fuir; et puis, encore, il sentait en lui que sans doute il voulait vivre seul étant dégoûté de tous les gens qu'il avait rencontrés déjà, mais, dans une solitude à deux, une solitude avec un autre lui-même qu'il finirait peut-être par trouver, car, tout seul, la solitude l'effrayait...

Cependant on était arrivé à la lisière du parc : un petit belvédère formant kiosque dominait la campagne. Le vieux mineur le pria de monter pour *voir la vue*. Devant les yeux s'étendent, avec une monotonie charmante, des champs, et, tout au loin, à l'horizon des bois sombres : pas une habitation, le silence absolu.

La plaine est nue et parfaite jusque vers Maubeuge.

Sans doute, dans ses pérégrinations au travers de tant de pays, Jacques avait rencontré des retraites bien séduisantes, mais elles furent toujours trop éloignées d'un Paris qui l'attirait un peu. C'est là que vaguement il pressentait qu'il découvrirait l'âme compagne dont il avait tant besoin. Et puis, pas encore assez parfait pour vivre dans une absolue sauvagerie, il lui fallait, quelquefois, revoir et entendre parler des gens : là aussi, seulement, il pouvait trouver les sources nécessaires aux travaux qu'il avait entrepris.

Noirchain lui semblait bien l'endroit souhaité : la retraite était parfaite et à quelques heures de Paris : le parc suffisant pour qu'on pût s'y promener sans être obligé de sortir : une ressemblance satisfaisante avec son vieux collège, la petite chapelle, l'étang, la petite source, les grands arbres, l'attiraient beaucoup...

Il ferait bon vivre ici, songea Soran.

II

Jacques était installé à Noirchain. Très vite il s'était décidé et il avait acquis le domaine.

Des ouvriers, rapidement, firent les réparations les plus urgentes et, après avoir passé quelques jours dans une mauvaise auberge, le temps de faire venir un lit provisoire de Mons, il put enfin coucher au château.

Ses projets étaient maintenant bien nets et bien simples : se reposer enfin de ses voyages en vivant la plus grande partie de l'année à Noirchain : rarement, très rarement, aller à Paris pour consulter quelques livres trouvables dans la seule Bibliothèque nationale et, cependant, entendre un peu la voix humaine que l'aboiement inarticulé des mineurs ne lui rappelait que de bien loin. Il vivrait là, tranquillement, sans nuls soucis, dans ce pays tranquille; il travaillerait, penserait et prierait.

Il prierait : ses idées religieuses, depuis dix années qu'il avait quitté Juilly s'étaient précisées : elles furent chez lui le résultat d'une éducation pieuse, de dispositions naturelles peut-être plus que le fruit des réflexions; mais celles-ci n'étaient pas étrangères, surtout depuis peu de temps, à une dévotion tous les jours croissant.

Il avait rencontré sur son chemin bien des religions, bien des cultes : il avait trouvé chez tous un lien commun, d'abord dans le Zend-Avesta, puis dans la Bible. Le Coran aussi, avec ses précautions naturelles si prudentes, lui apparaissait comme une autre forme d'un catéchisme aussi ancien.

Il avait vu des indifférents emportés dans le tourbillon des soucis vides de pensées.

Il avait vu des croyants, de rares prêtres catholiques, de plus nombreux bramines, et ceux-là lui avaient paru plus heureux encore dans leur ignorance mais dans leur foi, dans leur insouciance mais leur confiance.

Les bramines surtout le frappèrent par l'exagération de leur hystérie et l'omnipotence de leur volonté; il les avait vus, galvanisés par un désir et un entraînement extrêmes, se rendre insensibles aux impressions physiques, et leur volonté présentait à l'observateur confiant, dédaigneux des suppositions de trucs et de supercheries, le spectacle consolateur de faits qu'il commençait à pouvoir s'expliquer.

Les phénomènes hystériques d'abord : ceux-là étaient les moins intéressants.

Par un auto-hypnotisme, la légendaire contemplation du nombril, ils entraient dans un état de catalepsie sans perte de connaissance qui leur permettait de se transpercer les membres avec une parfaite indifférence ; mais de faits semblables il avait vu très souvent des exemples dans ses visites à des amis internes : il fallait surtout en remarquer l'hypnotisme sur soi-même, peu connu sans doute des médecins.

D'autres faits, insolites ceux-là, l'avaient surpris :

Les mêmes bramines, dans un état de lucidité parfaite, attiraient à eux, par la seule puissance du regard, des objets inanimés ; songeant à toutes les représentations illusoires de tables tournantes et de spirites, il se défia : il ne lui fut pas permis de douter :

Assis sur un mauvais siège, devant une table primitive et sans tapis, le bramine, les bras croisés, les yeux fixés sur un bâtonnet placé sur la table, le fait remuer : une boussole, sous son action immatérielle et invisible, dévie, et la petite aiguille bleuie quitte brusquement le Nord qu'elle indique.

Soudain, sans ouvrir de porte et sans se lever, le bramine disparaît au travers du mur, et Soran reste seul ébahi.

D'autres fois, le même bramine, lançant une corde dans les airs, s'enlève, s'annihilant sous les yeux étonnés des assistants.

Avant ses voyages, Jacques avait entendu raconter de tels faits : sans les nier, il ne niait jamais, il ne les admettait qu'avec une prudente réserve, mais, pour son plus grand embarras, il les avait observés lui-même ;

Il devait maintenant se les expliquer.

Après bien des tâtonnements et des réflexions, deux hypothèses possibles se présentaient à son esprit, la première plus vraisemblable, la seconde si séduisante :

Devant les enthousiasmes périodiques des peuples, devant l'action merveilleuse de certains individus sur les masses, aux époques de foi ; après les résistances d'une poignée d'hommes aux suprêmes étreintes convulsives et puissantes d'un empire agonisant ; en présence d'une croyance imposée aux molles nations de l'Orient par un prophète; devant les soulèvements terribles de tout un peuple sous la voix d'un simple ermite, il se demandait si certaines créatures ne reçoivent pas le don de communiquer, dans une miraculeuse suggestion, leur volonté aux foules.

Il ne pouvait en douter.

A certains moments où l'esprit humain encore en enfance n'a pas pris cette consistance qui doit le rendre incrédule plus tard (ces moments ne se reverront sans doute jamais), un homme surgit !

C'est le Christ simple et doux, entouré de quelques naïfs pêcheurs, ses intermédiaires avec le monde entier et que, dans un besoin de religion, on divinise.

C'est Mahomet, puissant et terrible, qui s'impose comme la réalisation tangible d'un Dieu à des populations inertes et froides.

C'est Pierre l'Ermite, moins complexe, celui-là, avec un sort différent, une organisation moins sublime, entraînant un peuple rustre dans un splendide élan d'enthousiasme.

C'est la Réformation luttant très faible contre une puissance inébranlable, mais arrivant peut-être à vivre parallèlement.

C'est les conséquences de celle-ci, deux cents

ans après, l'immense Révolution, ruine de tous les siècles passés, fondement de tous les siècles à venir.

Et comme origine de tous ces mouvements, un seul homme ou quelques hommes.

Il y a donc, à certaines époques, des courants de volonté prestigieuse, partant d'un seul pour soulever irrésistiblement des masses : la volonté, sans nul doute, voilà le secret miraculeux, la raison vraisemblable de faits qu'expliqueraient mal des théories d'évolution ou de progrès. Chez certains hommes, donc, cette force, dans une exagération que le vulgaire trouve divine, peut produire des miracles : le prophète ou le Dieu serait alors comme un grand hypnotiseur envoyant à tous des suggestions irrésistibles.

Quoi de plus facile alors, après cette si simple explication de faits gigantesques, de penser que les bramines, par une concentration intense de la volonté, par une fixité absolue du désir, puissent vous persuader ce qu'ils veulent que vous croyiez, et vous faire voir ce qu'ils veulent que vous voyiez ?

Dans cette hypothèse, donc, le bramine ne disparaîtrait pas au travers du mur, il ne s'élancerait pas dans les airs, le bâtonnet ne bougerait pas; l'aiguille de la boussole ne dévierait pas : incapable de faire un miracle, le bramine aurait cependant une action assez puissante pour donner la vision illusoire d'un phénomène inexistant; et le résultat n'est-il pas le même?

La seconde hypothèse, celle qui le satisfaisait davantage, était une rigoureuse déduction de celle-ci : elle le séduisait par la parfaite assimilation de ces faits, avec d'autres faits étudiés et connus : au lieu de supposer l'action de la volonté sur d'autres volontés, pourquoi ne pas croire à son effet direct sur les objets inanimés ; dans ce cas l'illusion deviendrait une réalité ; il n'y aurait plus vision, mais miracle ; une comparaison, une identité même s'imposait alors à l'esprit de Jacques : il pouvait maintenant la formuler ainsi :

Une sphère de cuivre, chargée d'électricité, ne changeant ni de poids ni de composition, conservant sa forme et toutes ses apparences tangibles, acquiert des propriétés merveilleuses : de petits corps légers sont attirés à elle, une sphère semblable placée à distance lui emprunte son inexplicable vertu. Une force immatérielle, un fluide, si l'on veut, réside dans cette sphère, invisible et agissante. Pourquoi ne pas assimiler étroitement à ces phénomènes ceux que présente aussi la volonté et n'est-il pas permis de considérer celle-ci comme un fluide ; dans la première hypothèse, l'assimilation est incomplète : il semble qu'on n'ait retenu de l'expérience que l'action à distance d'une sphère sur une autre : les deux volontés influencées l'une par l'autre seraient alors figurées par les deux sphères, l'hypothèse étant légitime, puisque, pas moins que l'électricité, la volonté n'est visible ni tangible : la volonté agissante suggère ainsi très facilement à la volonté plus faible les idées qu'il lui plaît, et le thaumaturge fait passer devant les yeux des croyants toutes les illusions de phénomènes inexistants en somme. Mais, en creusant cette supposition, pourquoi ne pas aller plus loin et ne pas continuer l'assimilation ? Si la sphère influence une autre sphère, n'agit-elle pas aussi sur des objets inertes qu'elle attire sans leur communiquer sa puissance, ou en la leur communiquant, peu importe, et le problème n'est-il pas résolu ?...

... Le bramine disparaît alors au travers du mur, il s'élance dans les airs : le bâtonnet bouge ; l'aiguille de la boussole dévie : capable de prodige, le bramine possède une action assez puissante pour donner le spectacle réel d'un phénomène existant : il n'y a plus vision, mais miracle !

Et, ce que fait le bramine, tout le monde, lui Soran surtout, peut le faire : une exacerbation de la volonté, une exagération de l'énergie avec un entraînement et un régime propres, paraissent suffisants. C'est cette puissance qu'il voulait acquérir, non pour *étonner les gens,* mais pour lui, pour son bonheur intime. Et, quand il s'élevait, comme en ce moment, dans la première joie de sa retraite, à de si hautes pensées, ses primitives appétences d'amitié et d'affection disparaissaient et il se renfermait dans un égoïsme sublime ; dans ses voyages, du reste, il rencontra des affections ou des amours plutôt ; ils l'alléchèrent d'abord, puis il les trouva faibles ou faux, et il les rejeta comme indignes de lui : il n'avait plus maintenant qu'un seul désir, se dégager, se défendre de toute influence étrangère, concentrer et condenser sa personnalité, sublimer sa volonté ; le retour sur soi-même et la prière lui semblaient avec la parfaite chasteté l'un des moyens de réaliser ce rêve si chéri.

Il priait, et, souvent maintenant, dans sa vieille chapelle gothique, comme autrefois à Juilly, mais avec une plus ardente foi, un esprit merveilleusement affiné et voyant, il s'abîmait dans la contemplation d'invisibles visions, et les choses extérieures n'ayant plus sur lui aucune action, il ne pouvait tarder sans doute à leur commander, à les dominer et à les régir.

Sa vie lui apparaissait, à Noirchain, pleinement heureuse, dans le repos, le travail et la prière. Il avait fait venir de Paris et installer dans le vaste salon un grand orgue : souvent, pour se délasser, il se mettait au pupitre, et, sous ses doigts fébriles, l'orchestre se déchaînait, peignant dans ses dessins agités les aspirations de son esprit.

Parfois, surtout le soir, à l'heure où le crépuscule semble jeter sur la terre un linceul de tristesse, quand la nuit, si lugubre dans la solitude, effraye, Jacques devenait plus sombre et sa force faiblissait un peu ; il priait alors ou feuilletait les livres saints...

Lorsqu'un jour, dans la Bible, il lut cette parole : « Il n'est pas bon que l'homme soit seul ! »

III

Jacques Soran était depuis quatre mois à Noirchain. L'automne arrivait avec ses suggestions doucement moroses, et la solitude semblait plus nue au milieu des grands arbres roussissants, sous la pâleur du ciel sans soleil.

A peine, si heureux dans son parc, Jacques entrevoyait-il la campagne, dans de peu fréquentes promenades. Ici, pourtant, ce n'était pas la foule qui l'effrayait; les plaines sont éternellement silencieuses, à peine troublées par l'apparition d'un paysan; le village même, avec ses mineurs silencieux est calme, aux allures de nécropole qu'il aimait. Cependant il restait chez lui, s'y trouvant bien, ayant assez d'espace et assez d'air, et, rarement, par pur caprice, il s'aventurait au dehors.

Le matin, à cinq heures, Jacques, réveillé par le jour entrant dans sa chambre aux contrevents jamais clos, se levait. Depuis une heure déjà, le vieux mineur, qu'il avait gardé sympathique par son mutisme, était debout ; il lui versait un seau d'eau froide sur le corps, et, après cette bienfaisante et sommaire toilette, Jacques descendait à la chapelle. Là, sans tous les moyens matériels des églises, sans encens et sans cierges, avec son seul esprit, il priait, ou s'abîmait dans les réflexions les plus consolantes souvent, quelquefois les plus tristes. Oh! ce n'est pas que le doute effleurât jamais de son aile noire une âme si sublimement convaincue : il croyait fermement et catholiquement. Mais, parfois, des hésitations l'empoignaient et lui donnaient comme un vertige. Que faisait-il à Noirchain? Cette retraite, cette abstraction du monde lui était-elle permise et n'était-ce pas d'un orgueil immense que de vivre ainsi seul, ne pensant qu'à son unique bonheur, sans faire autour de soi du bien? Ne devait-il pas se répandre au dehors, comme le prédicateur ou le missionnaire, pour verser un peu dans le cœur des incrédules ou des tièdes, des paroles de foi et de consolation? Involontairement aussi lui venait cette pensée bien plate, mais s'imposant, que si tous suivaient son exemple, le monde s'éteindrait rapidement, et cette vie claustrale non sanctionnée par un ordre lui semblait un crime, sa pureté presque immorale.

Cette chasteté, au reste, il ne l'avait pas acquise sans lutte, la chasteté de l'esprit et du désir sans doute, car celle du corps s'obtient encore assez promptement dans une vie privée de toute tentation extérieure.

Le tempérament de sa mère qui s'était dans son enfance manifesté par des soifs de caresses et des faims d'amour reparaissait quelquefois en lui, et cet atavisme inévitable n'allait pas sans d'intolérables souffrances. Tout, dans sa retraite, alors, devenait excitation à des sens courageusement contraints, mais déséquilibrés par un ascétisme trop au-dessus de la nature. Des hallucinations quelquefois le troublaient, et il lui semblait autour de lui dans le parc, dans la chapelle, voir des formes se dessiner, visions d'autant plus obscènes à des yeux si purs.

Parfois même, à l'empyrée de ses réflexions les plus saintes, un mot le précipitait dans la terrestre réalité, un mot, comme un enfant vicieux qui cherche des excitations malsaines où il devrait trouver de fortifiantes exhortations.

Il lisait, un jour, le livre de Ruth: il admirait cette grande amitié de Noémi pour sa fille, et quel candide cynisme quand elle l'envoyait séduire Booz ; le profane, le lecteur non initié au merveilleux symbolisme de la Bible, est sans doute choqué de ce cru proxénétisme ; pour lui, au contraire, comme un suave parfum s'élevait de cette simple histoire ! Mais il y trouvait un enseignement, une leçon contre lui-même : le scribe sacré ne voulait-il pas sanctifier le « Croissez et multipliez ! » de la Genèse ; le respect dont la Bible entoure cet acte si vulgaire de la génération, comme déjà dans l'histoire de Sarah, n'était-il pas un exemple pour lui ? devait-il attendre, comme un autre Booz, qu'une nouvelle Ruth vînt le trouver ? Et ces pensées, très saines en somme, dégénéraient bientôt en une troublante excitation ; même, des sensations charnelles se dressaient en lui ; alors, il s'enfuyait dans la campagne.

Ce jour-là, un jour serein d'automne, il sortit par la petite porte dans le fond du parc ; il allait, perdu dans des pensées hésitantes et vacillantes, et il regrettait presque de retrouver là l'absolue tranquillité de son parc, sans le moindre bruit pouvant le distraire de lui-même et le protéger contre des tentations se précisant maintenant honteusement.

Il marchait en jetant autour de lui des regards

suppliants comme pour chercher un être animé, un paysan ou un mineur, des femmes ou des enfants, qui lui donneraient un peu, à lui si moribond, le spectacle consolateur de la vie.

Il marchait quand un spectacle inattendu l'arrêta.

Au milieu d'un champ en friche, une femme était assise sur un pliant, en face d'un chevalet, la brosse à la main : devant elle, un paysage uniforme monotone et gris, avec de rares bouquets d'arbres, car de ce côté la nature est plus sauvage et moins gaie qu'en arrivant à Noirchain, témoignait, par un tel choix, d'une âme élevée d'artiste, d'un cœur triste aussi, sans doute, d'une compréhension bien profonde de la nature nue.

Jacques resta bouche bée ; dans ce lieu perdu qu'il considérait comme sien, qu'il ne croyait habité que par des troupeaux, des mineurs, et des paysans, et lui-même, surtout, un être semblable à lui, un frère de la grande famille de ceux qui souffrent et qui admirent, il ne pouvait en douter, partageait son monopole !

Ah ! loin de lui maintenant cette misanthropie et ces idées de réclusion ! au diable, enfin, la solitude et le mutisme ! il avait besoin de paroles, et, dans un blasphème, fruit d'une trop longue contrainte, il jura qu'il était fatigué de ses entretiens avec lui-même et avec Dieu !

Elle était là, envoyée avec un à-propos miraculeux par une Providence charitable, cette Ruth qu'il avait autrefois tant appelée, et dont il avait cru pouvoir se priver, dans son orgueil et son absurde outrecuidance !

Jacques s'approcha comme nonchalamment, timide et tremblant.

Parlerait-il, essaierait-il de percer le mystère qui certainement faisait vivre une femme dans un tel pays, ou, plutôt, pourquoi supposer un mystère quand peut-être cette retraite n'avait que des causes très simples, le besoin de repos, des vacances, par exemple ! Pourtant, avec cet instinct, une seconde vue, une acuité exquise de l'esprit qu'il devait à sa diète et qui le trompait rarement, il devinait que sa première supposition était juste...

Il avait maintenant un désir très ferme de parler à cette femme, mais, avec une crainte d'enfant vierge, il n'osait.

Il osa pourtant une chose bien audacieuse, peut-être bien indiscrète : n'est-ce pas là le propre des timides ? Ils tremblent, ils sont indécis, et, brusquement, pour l'étonnement des observateurs, ils franchissent d'un seul bond les obstacles que les courageux auraient attaqués plus franchement et avec moins de succès ; est-ce une grâce particulière récompense de leur modestie ? C'est ce qu'aurait sans doute pensé Soran s'il avait réfléchi à son action en ce moment ; mais n'est-ce pas plutôt, tout simplement, la détente brusque d'un ressort longtemps comprimé, le déploiement soudain et énergique de forces longtemps emprisonnées ?

Il s'avança (plus tard il s'expliqua très mal son courage, l'attribuant à une sorte d'inconscience) et, debout, derrière elle, le regard fixé sur sa nuque, il eut une intensité de volonté irréfléchie, même si cela semble bizarre, c'est-à-dire qu'il ne songea pas à ce que son attitude pouvait avoir d'inconvenant envers une inconnue.

Brusquement (combien à ce moment il pensa aux bramines !), elle se retourna et le regarda...

Quoi alors ?

Est-ce la vulgaire *entrée en connaissance* d'un homme et d'une femme, comme tous les jours à Paris, ou ailleurs, ou autre part, dans la rue ou dans un salon, après une présentation ou un hasard, après un hasard en somme, toujours ridicule ou au moins embarrassante, avec des mensonges et des habiletés ?

Il n'y eut rien de tout cela.

Un moment interloqué, moment bien court, puisque des yeux interrogateurs demandaient une réponse immédiate, Jacques retrouva sa présence d'esprit, sans trop d'assurance, avec le trouble et le balbutiement qui plaisent aux femmes en pareille circonstance, et il put dire quelque chose.

— Pardonnez-moi, madame, mon indiscrétion, mais mon isolement, ma privation d'art, dans cette retraite, excuseront peut-être à vos yeux ma curiosité. Au reste, vous serez indulgente... vous avez du talent.

Soudain, il rougit beaucoup de son aisance et que ce compliment fût si banal, de sa manière, en un mot, d'homme du monde...

Banalement aussi, elle répondit :

— C'est vous-même, monsieur, que j'accuserai (elle souligna ce mot) de trop d'indulgence.

Cette voix lui donna comme un vertige : il se trouva, en même temps, absurde dans sa préciosité de gentleman, et si bête dans ce commencement de concetti qu'il lui fallait continuer.

Il regretta de ne pas brusquement s'être jeté à ses pieds... il lui aurait dit... : « Voilà dix ans que je souffre, seul, sans affection et sans ami ; une divinité vous a envoyée pour panser mes plaies et vous le voudrez sans doute puisque, dédaigneuse des paysages coquets et jolis, vous peignez une nature si triste... »

Et puis alors, il trouva cela encore bien plus absurde ; il se demanda s'il pensait jouer un personnage de roman, et il songea que son grand corps, précipité à côté du chevalet, serait un spectacle très risible...

Il ne pouvait donc sortir de cette situation, il en prit son parti, fit le sacrifice de sa vanité, s'efforça de ne plus se voir ni s'entendre, et se dit qu'après tout, il n'y avait pas là de témoins de son embarras, et que pour elle, il saurait bien, s'il réussissait, lui expliquer plus tard la banalité sous laquelle il avait été entrevu...

Il voulait donc réussir, mais à quoi?

Toutes ces réflexions furent plus sommaires pendant le petit temps qui s'écoula après qu'elle eut parlé...

A son tour maintenant; il ne trouva pas mieux que ceci :

— Ce pays n'est pourtant guère intéressant pour un artiste.

Elle eut l'air étonné.

— Je l'aime ainsi, dit-elle, cette vaste plaine très dénudée me parle beaucoup.

Il se gourmanda et s'en voulut grandement. Il

venait de dire une ineptie, consciemment, et, certainement, elle devait le prendre en grande pitié.

Très simplement alors, avec une franchise de pénitent :

— Je ne sais pourquoi j'ai dit cela, je pense juste le contraire...

Et il s'en alla.

IV

Jacques ne sortit pas de huit jours; ce n'est pas qu'il n'en eût de fortes tentations, mais cette première entrevue, au lieu de l'encourager, redoublait ses craintes; sans doute, cette femme, ses quelques mots le lui prouvaient, était une « femme intelligente », du moins pensait-il ainsi, commençant à devenir positivement amoureux; sans doute, il devait lui accorder un talent de peintre, peut-être même une vision esthétique parallèle à la sienne; mais de là à trouver chez elle des sentiments aussi élevés que ceux qu'il souhaitait en les définissant très mal, l'abîme était grand, et quelle confiance était la sienne, et combien naïve et combien prétentieuse de croire qu'il lui inspirerait un amour quelconque!...

Et puis, elle était peut-être mariée.:.

A ce moment de ses réflexions, son esprit devenait très trouble, car enfin elle était entrée dans sa vie, il ne pouvait le nier, et, dans cette hypothèse, que deviendrait-il? Le plus simple n'était-il pas d'oublier ce jour et de continuer à vivre dans le calme en remplissant le programme qu'il s'était tracé.

Il le put pendant une semaine; même, un surcroît de dévotion vint le soutenir, et le travail. En ce moment il se plongeait dans l'étude abstruse des cabalistes : la recommandation, clef de voûte de tous les rituels, de se défendre de toute influence extérieure, l'avait un temps décidé à ne pas *la* revoir et il en eut d'abord la force.

Un matin, la fantaisie lui prit de sortir ; il se dirigea d'un côté tout opposé à sa dernière promenade; oh ! il était bien loin de désirer la rencontrer, et il se le prouvait ainsi à lui-même.

En revenant, pour marcher un peu, c'est du moins ce qu'il pensa, oubliant que son parc avait dix-huit hectares, il fit un détour... Elle n'était certainement pas là, à cette heure matinale, il n'avait donc rien à se reprocher.

Il ne la vit pas en effet.

Il s'aperçut alors qu'il était plus triste et, se prenant ainsi en flagrant délit de supercherie contre lui-même, il en eut un peu de honte.

Le soir, il n'essaya même plus de lutter et il la revit.

Il alla droit à elle, se découvrit et lui dit :

— Je vous en supplie, madame, pardonnez-moi la façon grossière dont je vous ai quittée il y a huit jours ; j'en étais si confus qu'aujourd'hui seulement j'ai trouvé la force de venir vous présenter mes excuses...

En parlant ainsi, Soran se faisait si petit garçon qu'il ne pouvait être trop mal reçu. Comme elle tardait à répondre, il eut une idée d'une profonde rouerie qui l'étonna lui-même. Il dit : « Cela était d'autant plus maladroit à moi que vous êtes peut-être de passage dans le pays et que j'ai failli rendre mon inconvenance irréparable. »

L'attaque était directe ; la réponse fut habile.

— Vous étiez tout excusé, monsieur, entre artistes on n'est pas si sévère.

Jacques eut un mouvement de dépit : elle n'avait pas donné dans le piège : il ne saurait donc rien !

Avec assez de présence d'esprit, il reprit :

— Vous dites entre artistes : vous m'honorez là, madame, bien imprudemment, peut-être...

— Me serais-je trompée, monsieur ? dans ce cas, ce serait mon tour de vous faire des excuses ? Mais, je ne sais pourquoi, je ne le pense pas...

En ce moment il fut bien heureux.

La conversation continua sur ce ton de léger badinage, Jacques avec des dispositions moins gaies, se mettant au diapason de son interlocutrice.

On parla de peinture, naturellement, et puis de musique, et puis de tout enfin.

Jacques fut émerveillé.

Tour à tour spirituelle et profonde, gaie et triste, bonne et sévère, elle montra à Soran ravi une sublime organisation, celle peut-être qu'il avait souhaitée pour cette âme compagne dont il avait besoin autrefois, et dont maintenant, l'ayant entrevue, il ne saurait plus se passer.

Le tableau presque achevé qu'ils avaient sous les yeux fut d'abord un thème à des professions de foi, ardentes mais réfléchies. Jacques y retrouvait avec un substratum d'exactitude parfaite et de parfaite vérité la nature nue et sévère de cette partie du pays, mais combien intellectuelle et suggestive !

Ils parlèrent longtemps ainsi, non avec la pédanterie odieuse d'artistes voulant s'étonner, mais avec l'abandon (déjà dans cette première entrevue) de deux cœurs ayant besoin de se compléter l'un par l'autre.

Car, quel monstre plus horrible que la femme

instruite, la femme plutôt, qui donne la seule impression de science ! Jacques, avec toute sa religion, sa chasteté et son mysticisme, avec toutes ses aspirations à la vie dévote et à la perfection, avec tous ses désirs de foi et de sainteté, avec ses diètes sévères et ses jeûnes austères, Jacques Soran était trop sensuel pour ne pas souffrir en présence d'une femme avant tout instruite.

Celle-ci, et cela surtout le séduisait, était d'abord femme ; femme merveilleuse par l'intelligence et le cœur, ensuite. Avec des cheveux blonds déteignant sur sa chair, une poitrine de statue sobre et pure, des yeux pers de Minerve, mais un visage presque d'enfant, gai et joyeux, c'était bien la femme, l'être attirant et gracieux si tentant, selon la nature, pour l'homme.

Eh quoi ! n'avait-il pas rencontré de femmes pendant ses voyages, ou ce sultan était bien difficile et c'était donc le dépit de n'avoir pu trouver jusqu'à présent « une poitrine de statue sobre et pure, des yeux pers de Minerve, mais un visage presque d'enfant, gai et joyeux » qui l'avait précipité dans la solitude et réduit à la sauvagerie ! n'avait-il pas eu le choix, étant beau et riche dans le merveilleux défilé que toutes les races avaient montré à ce chercheur jamais satisfait :

La Parisienne d'abord, amusante avec son rire d'oiseau et aussi ses idées d'oiseau ; très occupée d'elle-même et très occupante, se laissant aimer volontiers pourvu qu'on le sache ou qu'on ne le sache pas, se cachant ou se montrant, mais avant tout rieuse et peu sévère et vous déliant de vos serments à peu près comme elle se débarrasse des siens.

Puis l'Italienne, brune souvent, blonde pour les délicats et les gourmets ; oh ! celle-là est rude et le passe-temps de l'aimer est quelquefois dangereux : ardente et dévote, elle ne pardonne pas et malheur à l'imprudent.

Et l'Anglaise, si belle quand elle est jolie, si vicieuse avec des airs si prudes.

Et la Turque avec un parfum de rareté et de difficulté vaincue, si bien née pour les divans et les sofas, au cœur toujours égal dans un nuage d'opium indifférent et qui soudain meurt d'aimer.

Et l'Indienne. Bête de somme, avec, seulement, l'intelligence du cœur, terrible dans ses haines et dans ses amours, dans son amour plutôt, car peut-elle aimer deux fois, créée pour les nattes et les tapis et les rampements soumis et dévoués.

Et tant d'autres...

Et si toutes ces femmes donnaient plutôt des sensations que des sentiments, des caresses que des pensées, n'avait-il pas rencontré la femme instruite, au salon jamais vide d'artistes et de savants, dans une cour d'amour et de science; belle aussi quelquefois et offrant alors l'idéal...

Eh bien! non, celle-ci surtout l'écœurait...

Sans doute, dans l'évolution de sa nature tendant toujours à s'élever, mais ayant commencé d'abord par jouir, il avait eu des femmes; mais, après les premiers étonnements de sa chair sous des frissonnements inconnus, après les surprises de son cœur sous ses vibrations nouvelles, après avoir aimé enfin, et joui, il s'était retrouvé avec une soif non étanchée et il vit que seulement il avait cru aimer et jouir. C'est alors que, non dans un dépit, mais avec la foi, fruit peut-être du dépit, il avait fui et qu'il avait adressé ses prières à Celui qui ne trompe pas.

C'est que Jacques avait compris, ou du moins pensait-il ainsi, qu'il est un sentiment au-dessus de l'amour, et qu'auprès de celui-là, l'amour est bien pâle! Ce sentiment que l'antiquité connut et divinisa, l'amitié enfin, il ne l'avait pas trouvé! Il avait été aimé, aimé avec passion, sans soupçon d'intérêt, aimé charnellement ou platoniquement, aimé d'amour, mais non d'amitié, car l'amitié peut-elle être entre l'homme et la femme? et, même alors, quelle femme en serait digne?

Il pensait que l'amour, mouvement de l'âme trop « indiqué » et trop habituel était à un niveau bien inférieur, trop de sens y entrant, avec une fin au résumé peu intéressante, une procréation embêtante et due, et il lui fallait autre chose!

D'abord, dans la première étape de ce voyage de son esprit, de cette ascension toujours plus haut de son cœur, au moment où, jeune encore, sous l'influence de l'atavisme maternel il avait besoin d'aimer d'amour, il pensa, dans un dualisme divin, trouver l'amitié à côté, dans un miraculeux voisinage : la femme pour l'amour, pour le corps, pour les sens; et, parallèlement, pour le corps et pour l'esprit, en une sublime union, une sodomie, pourquoi pas? si chaste et si noble, un homme comme lui avec les mêmes aspirations, et, tous deux, s'élever à la perfection, cheminer la main dans la main, pendant que la femme, intérimaire et provisoire, attendrait pour disparaître et s'effacer qu'il eût acquis une chasteté du cœur et des sens la rendant désormais inutile.

Ensuite, il avait réfléchi ; ses idées même avaient changé ; il trouva odieuse cette division d'un sentiment un, en somme ; comment avait-il pu désirer cette incohérence, cette monstruosité d'un triple ménage, pour le dire platement, si en dehors de tous les temps et de toutes les mœurs ? n'était-ce pas le rêve malade d'un cerveau mal équilibré ?

Au surplus, en admettant même que ce paradis souhaité n'eût rien d'immoral (et peut-être eût-il pu le démontrer), n'était-il pas irréalisable : d'abord dans la rencontre de ces deux natures d'élite qu'il voulait, et puis, surtout, dans la possibilité de les rendre supportables l'une à l'autre. Quelle femme admettrait jamais le partage de ce qu'elle pense le plus précieux, l'abandon à elle-même de la personnalité de celui qu'elle aime, et quel homme serait assez semblable à Soran, serait-il, lui, semblable à lui-même, pour supporter une infidélité constante et habituelle, à craindre du moins, de l'esprit ?...

Ce raisonnement était un premier acheminement vers la sagesse, une première étape vers des idées plus saines, la montée d'une pente un peu glissante, le retour enfin au vrai : de ce moment naquit ce besoin de retraite, ce revenez-y à des idées religieuses, puis à une dévotion pratiquante où il pensa trouver la consolation suprême et la parfaite quiétude.

Et voilà que, maintenant, tout cet échafaudage d'espérance et de foi s'écroulait ; la Providence, le voyant sans doute trop faible pour marcher dans cette voie sainte, lui envoyait le moyen d'en dévier un peu tout en vivant selon la morale et selon la religion. Plus n'était besoin d'un dualisme dangereux en attendant qu'il fût honteux : la synthèse des deux sentiments, l'un si nécessaire, l'autre si doux, ne pouvait-elle se faire maintenant qu'il avait rencontré l'Être, la Femme les réunissant en elle-même?

Ce n'était pas le bas-bleu académique et ennuyeux, ce n'était pas la femme instruite enfin, c'était un merveilleux mirage où il se reconnaissait lui-même, où il se retrouvait tout entier, résumé de tout ce qu'il avait voulu, femme pour des caresses légitimes, homme pour des épanchements permis : sa vie maintenant se présentait cachant un bonheur intime et montrant aux yeux les plus sévères le spectacle d'une union selon les lois, car il n'y prévoyait pas d'obstacles...

... Ils parlèrent longtemps ainsi, non avec la pédanterie odieuse d'artistes voulant s'étonner, mais avec l'abandon (déjà dans cette première entrevue) de deux cœurs ayant besoin de se compléter l'un par l'autre.

— Et alors, ajouta Jacques, vous vivez ainsi seule?

— Non, du moins à l'ordinaire; mon père habite avec moi; en ce moment il est en voyage.

— Mais, dans ce cas, je suis peut-être imprudent et gênant... Si votre père apprenait...

Vivement elle l'interrompit et (pourquoi?) amèrement: « Oh! mon père a en moi une confiance aveugle. »

Jacques fut presque peiné d'être trouvé si peu dangereux; puis, avec cette facilité que l'on a de tout ramener à son propre bonheur quand on se sent heureux, il pensa que cela concordait sans doute avec ses projets.

— Vous vous ennuyez en ce moment; me permettrez-vous de venir quelquefois ici? Nous causerons. Même, me feriez-vous la grâce de venir faire un peu de musique à Noirchain?

Elle réfléchit, ou eut-elle l'air de réfléchir?

— Sans doute, répondit-elle, j'accepte.

6.

V

Il lui offrit son bras, et, simplement, elle s'y appuya; ils entrèrent au château et il voulut lui faire visiter le parc.

— Soit, dit-elle, bien que je le connaisse déjà : nous vîmes Noirchain avec mon père, mais le domaine nous sembla trop grand. Notre demeure est tout intime; nous sommes voisins du reste. Et elle lui montra, non loin de la grille, une maison un peu écartée.

Ils se promenèrent en causant comme des amis déjà; Jacques était étonné et ravi. Ce jugement qu'il avait porté si vite sur elle se confirmait d'instants en instants. C'était, au moindre fait très frivole, un chevreuil qui passait, une feuille tombant, des réflexions délicates, profondes, quelquefois amusantes, pour lui qui ne s'était jamais amusé.

Elle marchait à son bras, s'y reposant comme une sœur cadette — elle devait avoir dix-huit ans — avec une confiance, et une candeur qui ne laissait pas de le troubler un peu. Résultat d'une éducation américaine et libre, ou d'une naïveté ignorante et non soupçonneuse? Jacques avait peine à se décider.

Ils arrivèrent au petit kiosque, dans le fond du parc, formant belvédère. Jacques y avait fait installer un réduit sévère mais assez confortable. Devant les yeux, au travers d'une large baie, comme un immense tableau dans un petit cadre, des prés sans fin se déroulent avec de petits bois çà et là. Un piano (pas de cahiers de musique) et un divan, un grand christ et c'était tout.

Elle monta, *pour voir la vue,* lui dit Soran, et ils rirent tous deux. Elle regarda un instant, puis se mit au piano. Ses doigts vagabondèrent d'abord dans une rêveuse improvisation où Jacques pensa retrouver le trouble d'une âme qui se cherche.

Peu à peu les idées se précisèrent, ne furent bientôt plus siennes :

Un *Adagio*, dans le plus triste des tons peut-être, des arpèges en triolets comme voulant toujours s'élever et retombant sans cesse dans une morne désespérance, cependant qu'à la basse des tenues frappées comme un glas funèbre semblent vouloir encore arrêter leur élan; et, dans tout cela, comme une vibration céleste, une mélodie si simple qui lutte et domine et change enfin cette tristesse profonde en une douce mélancolie.

Puis, l'*Allegretto*, en majeur, celui-là, d'une confiance encourageante, comme une éclaircie et une promesse de bonheur après les affres du prélude.

Elle s'arrêta un temps comme pour entendre le silence de cette nature qui écoutait sans doute, puis, dans un roulement vertigineux, le *Presto agitato* s'élança impétueux et fier comme encore une conclusion un peu triste, mais d'une énergique espérance.

— Voilà! fit-elle en se levant.
— Où commençait Beethoven? dit Jacques.

Elle s'assit à côté de lui sur le divan, très à l'aise. Ils causèrent longuement en regardant le crépuscule baigner lentement le paysage : l'horizon d'abord s'assombrissait et les petits bois, au loin, se confondaient dans le noir : les premiers plans bientôt devinrent vagues aussi ; tout là-bas une lumière dans une unique maisonnette s'alluma.

Dire des vers à une femme dans un pareil moment, n'est-il pas d'un pédant et d'un cuistre affreux, et celui qui ne trouve pas en lui des paroles ne doit-il pas se taire ou parler un autre langage que des mots? Et, cependant, dits par Jacques, et en un pareil moment, ceux qu'il murmura alors comme une douce mélopée la pénétrèrent sans doute, car à côté de lui, sur le divan, aux pieds de ce christ, il la sentait haletante. Il disait doucement, et, sa voix, comme un accompagnement digne de la sublime romance qu'il parlait :

. . . .

> Soyons deux enfants, soyons deux jeunes filles
> Éprises de rien et de tout étonnées
> Qui s'en vont pâlir sous les chastes charmilles,
> Sans même savoir qu'elles sont pardonnées.

— Où commençait pauvre Lélian? dit-elle.

C'était toute sa vie et toutes ses souffrances, tout son bonheur et toutes ses espérances qu'il lui disait là, et il avait peine à retenir sa joie de toucher presque en ce moment à l'Éden! Pourquoi ne vivraient-ils pas ainsi, côte à côte, dans la contemplation de leurs âmes, puisque déjà ils s'étaient si bien compris et que leurs cœurs semblaient se retrouver comme les deux moitiés d'un seul cœur, dans une inexplicable métempsycose...

— Oui, dit-elle, dans la contemplation de nos âmes.

Cette redite de ce qu'il venait de dire le peina subitement ! Ainsi, elle semblait frapper leur vie d'un platonisme absolu, et puisqu'elle aimait son âme, pourquoi n'aimerait-elle pas son corps qu'il avait beau ? Sans doute il lui avait fait seulement entrevoir un amour au-dessus de la nature, mais pourquoi en ce moment désirait-il autre chose et pourquoi dans ce corps qu'il avait voulu jusqu'alors oublier, les sens parlaient-ils avec une force inconnue ?

. . . .

Brusquement et doucement il se pencha sur elle et, dans une revanche terrible de tout son être, il voulut la serrer dans ses bras.

Elle se dégagea avec une énergie inattendue et, nullement froissée, simplement :

— Jurez-moi une fraternité absolue.

Il pensa éclater, mais resta très calme dans une surexcitation terrible. Il était donc le jouet d'une désespérante fatalité et son pauvre cœur, ballotté sans cesse, devait donc sans cesse passer par des alternatives de bonheur illusoire et de malheur complet : il croyait toucher au calme enfin, et le calme lui échappait et, avec tout son funèbre cortège, le chaos rentrait en son âme.

Il n'était pas aimé, *l'affaire était conclue*, et avec une indulgence exquise voilant une indifférente brutalité, elle le lui avait prouvé d'un mot. Une fraternité absolue ! Jadis, dans ses rêves erronés d'enfant, il se fût contenté, il eût été fier même d'une semblable parenté ; aujourd'hui qu'en deux jours son cœur avait parcouru plus de chemin qu'en vingt-huit années, maintenant que si vite (si vite on s'habitue au bonheur) il s'était accoutumé à cette idée si vraisemblable d'une union entière avec elle, voilà que soudain d'un seul mot elle le précipitait du haut de ses espérances.

Mais c'était peut-être une coquetterie ou encore une gaminerie ; il n'était pas condamné sans retour ; il se défendit. Il fut gémissant et ironique, suppliant et terrible, caressant et brutal.

— Voulez-vous, dit-elle, me voir disparaître à jamais ? et aimez-vous mieux me perdre tout entière que ne pas me posséder tout entière ?

— Hélas ! répondit-il, je ne veux rien, je ne préfère rien, sans doute Dieu me réservait encore cette épreuve pour me ramener sûrement à Lui.

Les soubresauts de sa chair avaient disparu, et se trompant lui-même dans l'élan d'un ascétisme ardent :

— Je devais vivre seul ayant perdu l'espoir d'un ami, je vous ai rencontrée et vous m'avez accueilli me faisant abjurer mes anciens vœux. Maintenant, vous me rejetez et me brisez, je vivrai seul...

Puis, avec un revirement soudain qui l'effraya :

— Sans doute, un moment vous avez pu vous tromper à mes paroles et croire qu'un absurde platonisme pourrait être entre nous, peut-être moi-même l'ai-je cru un instant. Mais vous êtes trop belle et vous m'avez cru trop fort.

— Il est tard : me donnerez-vous votre bras?

Ils descendirent : la nuit était venue, la nuit bonne, avec ses caresses de velours et des murmures et des frissons.

Ils reprirent lentement, Soran très lentement, le chemin qu'ils avaient marché tout à l'heure, lui si heureux, elle si confiante.

— Mais, pourquoi ? dit-il.

— Voulez-vous encore me jurer de ne me dire jamais : Pourquoi ?

L'austère philosophe, le cabaliste transcendant, l'ascète parfait, l'homme fort qui dardait sa volonté et dominait les choses, baissa la tête; il n'essaya plus de lutter et il promit.

— Non, j'avais tort, dit-elle, ne promettez

pas encore, attendez demain, voulez-vous ? Réfléchissez et me venez trouver, là-bas, dans le petit champ en friche, si vous êtes bien résolu.

On était arrivé à la porte ; ils se quittèrent et Jacques serra une main tremblante de fièvre.

Longtemps il erra dans le parc sous l'étreinte de *pourquoi* terribles. Il ne pouvait en douter. Elle l'aimait et, hélas ! il l'aimait aussi. Pourquoi alors cette rigueur et cette résolution de fer ? Avait-elle plus que lui le courage de triompher d'elle-même, de mettre en pratique, avec une puissance qu'il sentait maintenant surhumaine, la maxime des cabalistes ? Pourquoi, encore, l'avait-elle accueilli, l'avait-elle séduit même ?...

Longtemps il erra dans le parc ; puis, comme il avait accoutumé dans ses moments de découragement, il entra dans la chapelle.

Il pria et, peu à peu, sous l'action réconfortante de l'Oraison, il retrouva la paix et la force :

— Je n'irai pas, dit-il.

Le lendemain, Jacques Soran était, là-bas, dans le petit champ en friche et promettait tout.

VI

Alors commença une existence douce pour elle, dont la volonté était scrupuleusement respectée, pleine de luttes pour lui, après des serments peut-être imprudents.

Confiante en sa parole, elle était maintenant toute grâce et tout abandon, cherchant à lui faire oublier par d'amicales caresses qu'il eût voulu autre chose jadis.

Ils se voyaient tous les jours, faisant ensemble de longues promenades et elle était d'un commerce si exquis que Jacques, un temps, pensa retrouver la paix. Avec une habileté extrême et un flair bien féminin elle sentait quelquefois « son cœur devenir noir », disait-elle, et, alors, ingénieusement elle l'entraînait dans quelque discussion de métaphysique ou d'art, on plaisantait même, pour détourner ses idées de leur triste cours.

Jacques espérait dans le temps. Après bien des hésitations et des « pourquoi », il pensait que, sans doute, elle voulait lui faire subir une épreuve, dans sa liberté de femme sûre d'elle-même, et que peut-être, un jour, elle le délivrerait de son serment. En tout cas, maintenant, la solitude lui pesait, et, comme un amant malheureux, lorsqu'il la quittait et rentrait au château, il se sentait près d'éclater en sanglots et il attendait le lendemain avec une impatience de fiévreux.

Souvent, elle venait à Noirchain, et, sur le divan, dans le petit kiosque, pendant qu'elle s'abandonnait au piano dans quelque troublante improvisation, Jacques retrouvait ses premières impressions et se sentait plus que jamais amoureux.

Ah! Soran, vous avez voulu être trop fort! La nature en dehors de laquelle vous avez vécu dans une artificielle indépendance, vous fait sentir sa représaille, et sa représaille est cruelle; comme ce monde que vous trouviez si ridicule rirait bien s'il vous voyait ainsi amoureux et au-dessous de vous-même, au-dessous du vous-même de jadis! Vous avez oublié qu'avant d'être un homme sublime et transcendant vous êtes un homme et que toutes ces victoires que vous avez remportées sur vous-même devaient tourner en défaites honteuses du jour où le combat serait moins facile; peut-être, plus tard, atteindrez-vous à une perfection et à une pureté surhumaine, mais vous n'acquerrez cet état de grâce divine qu'au prix de nombreux péchés et de défaillances... si vous ne succombez pas dans la lutte...

La vie pour Jacques maintenant n'était qu'intermittences de calme et de tempête. Comme dominante, on l'a dit, l'espérance dans le temps ! comme détails, quelle complexité dans les sentiments ! Des accès de dévotion de plus en plus rares, hélas ! à mesure qu'il en avait un plus grand besoin ; parfois l'abandon complet de sa destinée à la Providence, parfois aussi des blasphèmes suivis d'amers regrets...

Une habileté connue dans l'ordre physique est l'analyse méticuleuse de sa propre souffrance : chez certaines natures supérieures, elle résulte d'une force de volonté peu commune, d'un stoïcisme peu facile à acquérir d'emblée; chez d'autres plus médiocres, inférieures même, elle est le résultat d'un long entraînement, d'une longue accoutumance à la douleur.

Des hommes, on ne sait pourquoi, semblent le résumé de toutes les infirmités, et depuis une chétive enfance jusqu'à une vieillesse caduque, avec une force de résistance inexplicable qui fait de leur vie un long martyre, ils endurent dans une odyssée d'une monotonie mortelle tous les maux du corps ; Jacques en avait entrevu autrefois à l'hôpital et il admirait qu'ils avaient le courage de vivre : c'est d'abord, dans leur enfance, les hideuses écrouelles, expiation, si l'on croit que tout doit se compenser dans notre pauvre nature, de l'inconduite et des excès de leurs parents ; dans les conditions de misère où ils sont nés, la diathèse décomposante progresse et s'accentue, et alors commence pour les malheureux condamnés la *vie d'hôpital :* et ce n'est pas là un type créé à plaisir, l'essence de différents malades, le total imaginé de plusieurs infirmités ; ces gens existent et Jacques en avait vu. Sans doute, l'amour de vivre pourrait suffisamment expliquer ce courage négatif qui les empêchait de se tuer ; mais chez certains, il avait remarqué une indifférence et une résignation presque surhumaines et ce qui, en ce moment, dans cette maladie qui le frappait, les lui remettait en mémoire, un intérêt à leurs propres maux, une analyse de leurs souffrances par eux-mêmes qui les aidait puissamment à les supporter. L'un surtout, avec un mal perforant aux débuts anodins qui lui avait raccourci la jambe après des amputations trop timides et forcément renouvelées, en avait pris son parti assez facilement : dans les pansements, il regardait son membre atrophié en maugréant légèrement, et tenait les bandes, et passait la gaze à l'interne ; il examinait sa maudite jambe, comme il disait, avec une extériorité parfaite, questionnant, s'entretenant de la dernière amputation avec satisfaction et parlant de la prochaine sans trop de crainte.

Jacques en ce moment songeait à ce malade qui l'avait tant frappé par son stoïcisme, et douloureusement d'abord, puis assez aisément, il l'imita, se contemplant lui-même dans sa décomposition morale, s'analysant, se disséquant, et il en retira une âpre jouissance.

Il était bien en ce moment sur un lit d'hôpital, mais pâtissant plus terriblement, sans l'entraînement à la souffrance, après une enfance si resplendissante de santé et de force.

Ce qu'il chérissait le plus en lui-même, la volonté d'abord, la piété et la chasteté disparaissaient peu à peu, rongées par un mal qu'il ne pouvait arrêter, sans nul médecin ; qu'eût fait là du reste le médecin des âmes? n'est-il pas des maux qu'on ne guérit pas?

La volonté, sans doute, avait été la première attaquée; il notait bien le moment précis où cela s'était fait : c'était l'autre jour, lorsqu'il La revit pour la seconde fois; se sentant faiblir, il avait prié, ce qui déjà était un aveu d'impuissance; avec cette aide souveraine il pensa triompher; il raisonna aussi : allait-il abdiquer en un moment cette puissance sur lui-même dont il était si fier, résultat de tant d'années de luttes? allait-il faire ce serment qu'Elle lui demandait, s'exposer, imprudent, à des tentations incessantes que peut-être il ne dominerait pas? et alors, qu'arriverait-il? Il prit une résolution énergique et s'endormit confiant : le lendemain le combat recommença, la prière fut impuissante, il s'avoua vaincu et fit le serment!

C'était sa première amputation.

La piété résista longtemps : toujours, du reste, il conserva les pratiques usuelles de la dévotion obligée, mais sa ferveur un peu se refroidit. Ce n'était plus comme autrefois, comme récemment même, des extases et des ravissements et des visions consolantes. Ses prières même avaient des distractions et, parfois, dans la méditation la plus élevée, il se surprenait l'esprit bien loin, pas trop loin cependant, puisqu'Elle était si près.

Malgré lui, du reste, bien malgré lui, car il ne pouvait se transformer tout d'un coup, il commençait à trouver un peu vaine cette religion qui l'avait abandonné au moment où il en avait eu le plus grand besoin. Ce n'était pas le doute encore, mais il pouvait craindre que ce n'en fût le commencement, car la diminution dans la confiance n'amène-t-elle pas rapidement l'incrédulité et la négation ?

Et alors, comme conclusion, puisque ces deux soutiens menaçaient ruine, la volonté et la piété, la chasteté ne devait-elle pas s'écrouler aussi ? Il dut se l'avouer et il ne fut plus fier de lui-même. Cela commença très vaguement, très insinueusement. Le danger ne se montra pas tout d'abord, il en soupçonna seulement la possibilité : cela suffisait, et dès ce jour-là, il fut condamné. N'est-ce pas là l'explication peut-être impatiemment attendue de tant d'incohérences dans cette trébuchante psychologie ? Les tentations directes se dressèrent bientôt quand il vit le bonheur qu'il avait pu espérer un instant, lui échapper mystérieusement. Alors il lutta. Ç'avait été, un moment, le désir de quitter cette retraite et de fuir, renonçant à résoudre le problème qu'elle imposait involontairement, obstinément aussi, à son esprit. Puisque la Fatalité (peu de temps avant il eût dit Dieu) dérangeait son existence, il céderait, et, ne pouvant être un homme fort, il consentirait à être homme. Il s'en irait, rentrerait dans la vie et dans la nature, puisqu'il ne pouvait vivre en dehors de la vie et de la nature. C'était là le langage de la sagesse, au moins de la prudence : il se crut assez fort pour n'être ni sage ni prudent, il ne s'enfuit pas : ce fut sa perte. La chasteté avait pu exister, aurait pu exister, tout au moins, quand il n'avait pas auprès de lui l'occasion, l'excitation. Elle ne pouvait plus exister maintenant... Il n'y eut d'abord que des péchés de la pensée.

Simplement il alla trouver le curé de Noirchain et se confessa : celui-ci lui recommanda la *prière* et la *volonté !*

Jacques ne les retrouva plus !

Un grand découragement le prit ; ce fut la fin. La ruine commença alors ; les tentations ne furent plus seulement dans l'esprit, elles furent nettes et précises : en dehors de la nature, la chute fut contre la nature et honteuse : faut-il redire que celle-ci après un repos de trente années surgit, brusquement, invincible !

Un moment, ses entrevues avec Elle furent moins fréquentes ; il voulut les rendre plus rares : dans son ignorance de ces choses, Elle se plaignit d'être négligée et l'occasion de pécher lui devint constante.

Un soir, Elle arriva au château, et tout de suite : « Je viens dîner avec vous, mon père arrive demain ; je veux que nous passions une bonne soirée, car peut-être nous verrons-nous moins souvent. »

Jacques fut joyeux de cette prévenance, mais, au fond, un peu triste : c'était la tentation qui venait encore ! En attendant l'heure, ils sortirent et s'allèrent promener dans la campagne.

Ce fut un soir comme tous leurs soirs jusqu'alors ;

la nature était la même ;

le crépuscu revenait toujours semblable ;

les teintes grises de la nuit naisssante étaient toujours grises, le silence était toujours silencieux ;

les mêmes étoiles allaient tout à l'heure revenir sur le même ciel ;

Elle, enfin, était toujours douce et confiante ;

Jacques avait changé !

Par une antithèse des choses dont il ne s'étonnait plus maintenant, puisque tout semblait lutter contre lui, Elle était gaie. Elle lui raconta une histoire de paysans amusante, avec des rires d'enfant. Un instant après, comme Elle avait accoutumé, avec sa mobilité d'esprit, Elle soulevait les problèmes les plus ardus de la métaphysique transcendantale ; Jacques écoutait cette voix troublante : un instant il voulut fuir brusquement, fuir cette tentation à laquelle il sentait qu'il ne résisterait plus longtemps... il n'en eut pas le courage !

Ils étaient arrivés dans les champs, derrière le parc. Ils s'assirent sur un banc de pierre où Jacques avait l'habitude de venir quelquefois rêver. En ce moment, tout en dissimulant, il luttait intérieurement. Il regrettait maintenant le serment qu'il avait fait, et il sentait que son énergie était à bout. Il chercha le moyen de le trahir habilement, il ne le trouva pas.

— Eh bien ! dit-il, êtes-vous contente de moi ?

— Sans doute, n'en êtes-vous pas content vous-même ?

Jacques garda le silence. Pouvait-il répondre : Je rougis de moi-même ; l'homme qui, il y a quelques jours, vous séduisait sans doute par ses hautes aspirations, par l'élévation de son esprit ; celui qui, vous aimant, car vous savez qu'il vous aime, vous jurait un respect absolu, dans un élan de magnifique abnégation, comme forçant ainsi votre admiration, ce Jacques Soran enfin, que son austérité mettait au-dessus de la nature, est maintenant son esclave ; et de quelle mauvaise nature !

Pouvait-il lui faire une confession et étaler toute sa turpitude sous ses yeux ? Pouvait-il lui dire à Elle qui, sans doute, avait voulu le grandir ainsi avec une amoureuse fierté, qu'il n'était plus digne même de son amitié ? pouvait-il, pour la fléchir, lui avouer les chutes honteuses dont Elle était l'innocente cause ?

Autrefois, certes, quand il avait quelque naïveté encore, une fierté enfin, il eût parlé, il eût été éloquent. Aujourd'hui, dans sa démoralisation naissante, il se sentait faible et sans courage; dominé par les sens, il fut cependant caressant, mais combien il dut déchoir à ses yeux et qu'Elle dut le mépriser !

— Nous sommes toujours frère et sœur, dit-il ; je suis fidèle à mes promesses, mais on embrasse sa sœur, ne me permettrez-vous pas de vous embrasser ?...

Il rougit aussitôt de cette stupidité.

Elle le regarda tristement, et avec une divination bien facile :

— Oubliez-vous votre serment, dit-elle ; voulez-vous jouer au plus fin ! Puis, comme malgré elle, et avec des airs de regret d'en avoir trop dit :

— Pourquoi lutter contre la Fatalité?

Alors il éclata : tout ce qu'il avait eu de délicatesse, même dans ses plus mauvais moments, disparut à ce mot. Subitement, dans un accès d'amour brutal et de curiosité malsaine, il ne se contint plus ; il en avait assez de la lutte et de la vertu !

— Que m'importe, dit-il, de perdre votre estime puisque j'ai perdu la mienne? Que m'importent les serments? et, si je n'ai plus rien, ni volonté, ni religion, ni chasteté même, que chercherais-je à me faire illusion?

Et, soudain, dans une douceur infinie, il supplia, la caressant de paroles : « Oh! pardonnez-moi, mais j'ai voulu être trop fort ; et si j'ai toujours été sincère, même en faisant ce serment que vous avez exigé, ne dois-je pas, maintenant, vous avouer mon impuissance? Pourquoi m'avoir imposé une tâche surhumaine? Pourquoi enfin, puisque vous êtes si belle et que vous m'aimez, car vous m'aimez... Et, en disant cela, il voulut concentrer sa volonté dans un effort suprême pour la dominer et triompher enfin !...

Il n'avait plus de volonté !

Il sentit son impuissance, et que tout était inutile... Il se serra contre Elle, l'embrassant de ses bras souples et charmeurs.

— Il est tard, fit-elle : rentrons-nous ?

Alors ce grand calme l'exaspéra : une sotte vanité, maintenant, le fit rougir d'une défaite, lui qui, après tout, dans toute sa beauté et sa séduction, avait vu des femmes le supplier !

En ce moment, il fut fou.

Il l'empoigna brutalement ; avec une force inouïe il la jeta par terre, dans l'idée fixe maintenant de la violer...

Elle se défendit avec rage, sans une parole, et ils roulèrent tous deux.

Dans un appétit de bête en rut, il n'eut qu'une pensée, sentir le contact charnel de ce corps qu'il aimait et voulait, et, lacérant ses vêtements, il vautra des baisers avides sur sa poitrine nue, et se rua sur cette chair...

Elle succombait...

Tout à coup Elle poussa un cri déchirant : d'horreur, Jacques recula, stupide, devant le symbole effrayant d'une virilité monstrueuse, cependant que, les seins dressés, et ses longs cheveux dénoués, Elle s'enfuyait à jamais !...

— Malédiction, et je l'aime ! s'écria Jacques Soran.

LE MONDE

LE MONDE

I

— Combien de pièces?
— Cinq pièces, Monsieur, sans compter la cuisine et les commodités; d'abord une grande entrée, puis la salle à manger, le salon, deux chambres à coucher; et puis une grande terrasse.
— Et vous avez dit... combien?
— Dix-neuf cent cinquante, plus les droits de fenêtres et l'eau, environ cinquante francs. Mais je crois qu'en allant le voir, le propriétaire ferait une diminution; même, si monsieur le désirait, je pourrais le lui demander.

— Non, c'est inutile : je reviendrai.

Un portier si convenable était, cela ne pouvait faire de doute, un vieux serviteur. A ses jambes alourdies par le manque de promenades et déformées par des ascensions multiples dans les escaliers, à sa tête de même teinte que la muraille comme s'il se faisait une attraction entre des couleurs depuis longtemps voisines; à ses réponses polies enfin, on reconnaissait là le vieux concierge, le bon concierge d'autrefois, quand il y en avait très peu. Aujourd'hui que chaque maison est une cité, comprenant une administration, gérant, architecte, etc., le concierge est devenu un fonctionnaire presque inamovible, puissant, et qu'il fait bon ménager si l'on n'a pas un loyer supérieur à mille francs. Car quel propriétaire hésitera jamais à donner congé à un locataire mécontent quand les petits appartements se louent si facilement, et qu'un bon concierge est chose si rare? Le concierge le sait, et le fait durement sentir à ses subordonnés si ceux-ci n'ont pas la présence d'esprit de le saluer convenablement en passant devant sa loge, ou le talent, dès le début, de le prendre de très haut.

Alors commence, pour le malheureux petit locataire, la série des vexations que tient à sa disposition le gardien de l'immeuble. Depuis les plus simples : retards dans la distribution des lettres, stations à la porte, la nuit, surtout quand il pleut, jusqu'aux plus rouées et aux plus psychologiques (rendons justice au flair du cerbère) : *on y est toujours* pour les créanciers, et jamais pour les bonnes nouvelles, on est souvent absent pour les lettres chargées, mais, le sourire sur les lèvres, il vous apporte le papier timbré, carte de visite des huissiers, avec une exactitude rigoureuse, et si, par malheur, vous lui laissez cent francs pour payer une traite, la loge est toujours vide quand le garçon de recette se présente.

Ce brave homme de concierge était donc une merveille, et tout autre que Soran l'eût admiré; car est-il besoin de dire que cette conversation avait lieu à Paris, la seule ville de France qui possède des concierges ; ne s'attend-on pas aussi à voir revenir Soran dans ce tourbillon, avec un besoin de réaction contre toute sa vie passée?

Après cette chute complète, au premier abord irréparable, Jacques prit le sage parti de chercher une diversion aux idées absurdes qui le torturaient et, abandonnant Noirchain, il résolut d'habiter Paris et de chercher la paix dans le tumulte.

Le lendemain de cette scène qui devait décider du sort de son existence, triste sort (pourquoi le cacher, puisqu'on le devine?), après une nuit affreuse, nuit encore de lutte terrible, comme il avait accoutumé d'en avoir maintenant, cet homme qui devait lutter sans cesse, il voulut revoir cet être monstrueux et sublime, preuve éclatante de l'impossibilité des rêves qu'il avait jusque-là caressés. Il alla à sa demeure; avec quelle émotion il *la* demanda, avec quel désespoir il apprit que le matin même, elle était partie pour un long voyage.

— Mademoiselle est absente, lui dit-on, mais son père est là, revenu lui-même aujourd'hui.

Jacques, résolu à dissimuler, voulant tenter d'apprendre quelque chose, se fit introduire.

Un vieillard sévère et triste le reçut.

— Je sais tout, Monsieur; vous aimez ma fille, mais c'est impossible, impossible (et le vieillard, triste et sévère, répéta ces deux mots comme avec la douleur de lutter, lui aussi, contre une invincible fatalité). Elle est partie, Monsieur; moi-même je vais la rejoindre aujourd'hui, nous quittons ce pays pour toujours.

Que pouvait faire Jacques, sinon de fuir un séjour à jamais insupportable? Il prit congé du vieillard, respectueusement, et il l'entendit murmurer : Malheureux enfant !

Il rentra à Noirchain. La maison lui parut laide, le parc où il voulut se promener un peu pour concentrer ses pensées lui sembla horrible ; il revit le petit réduit où ils avaient causé ensemble, et cette vue lui fut une torture affreuse. Il ouvrit le piano, et joua les premières mesures de la Sonate... mais ses doigts se crispèrent, son cœur se serra, et il s'enfuit éperdu.

Sa vie était finie, maintenant ; pourquoi vivrait-il ? L'existence lui souriait lorsqu'il ne soupçonnait pas l'amour : elle lui apparut radieuse lorsqu'il le connut ; elle lui était maintenant un supplice, à cause de cet amour même. Il aimait et son amour puisait une force terrible dans son impossibilité. Pourquoi rester ici maintenant, quand tout y était douleur et tristes souvenirs ! Pouvait-il vivre seul, quand son cœur ne pouvait trouver la solitude ; pouvait-il vivre dans la solitude quand son esprit n'était plus seul ! Chercher un refuge dans la religion ? il ne pouvait plus prier ! dans la mort ? il était encore trop religieux ! une seule chose : fuir et espérer.

Deux jours après, Jacques était à Paris. Il rappela ses souvenirs et se mit à la recherche d'un appartement. Au bout de quelques jours, il redevint Parisien, et du premier coup d'œil il put deviner les mœurs d'un endroit à l'aspect de ses maisons, à l'allure de ses habitants; car chaque quartier de Paris n'est-il pas un des visages différents de cette ville si dissemblable d'elle-même?

Il fut d'abord attiré (notre pauvre nature n'est-elle pas sans cesse le jouet de la contradiction?) par les quartiers bruyants. Les grands boulevards l'amusèrent avec leur mouvement de vaste usine où tout le monde a son objectif et son emploi, où tous luttent contre la vie et pour la vie. Cependant, leurs habitués aux allures louches, très bien mis, avec de mauvais chapeaux (le chapelier fait rarement crédit), leurs cafés remplis de folliculaires en quête de chantage et de boursiers en chasse d'affaires, le dégoûtèrent un peu. Un moment séduit, Jacques comprit que, peut-être quelquefois, il aurait besoin de repos, et qu'il n'en trouverait pas au milieu de ce vacarme, et il s'en alla, l'esprit attristé par le spectacle de tous ces misérables cachant sous les dehors d'une louable activité les appétits les plus vils et les moins hautes aspirations.

Au delà de la place de l'Opéra, le spectacle

change. Sur le boulevard des Capucines et le boulevard Haussmann, peu de passants; pas de cafés; les habitants, très riches, restent chez eux ou sortent en voiture : ici, c'est encore la solitude plus nue qu'à Noirchain; et puis, les maisons sont bien laides !

Jacques traversa les Champs-Élysées :

un immense plan incliné aboutissant à un Arc de Triomphe assez décoratif, et tout le long de l'avenue, des pelouses et des arbres;

une cohue d'équipages, voitures de luxe et timides fiacres respire la poussière dans une promenade de rigueur, cependant que des piétons, citadins badauds ou provinciaux voulant poser pour les Parisiens, se promènent pour voir;

sur des chaises très confortables de bonnes familles sont assises à leur place accoutumée, comme dans leur jardin, avec l'aisance d'une vieille habitude.

Jacques, un peu fatigué de sa longue promenade, reprit le chemin du quartier Latin où ses souvenirs lui avaient fait choisir un hôtel. Il descendit l'avenue des Champs-Élysées et traversa le pont de la Concorde. Il passa derrière la Chambre des Députés et se trouva alors dans le vrai Faubourg Saint-Germain. Nouveau contraste avec le tumulte qu'il quittait. Ce n'est pas le calme et la morgue un peu anglaise du boulevard Haussmann; une atmosphère de monastère et de couvent respire ici. De vieilles maisons grises avec des portes hautes et massives quelquefois ornées de rocailles; c'est le quartier des La Rochefoucauld et de tant de vieilles familles. Parfois, une voiture sort discrètement, emmenant une douairière dans un silence funèbre. Peu de monde dans les rues; à peine un ouvrier ou un employé revenant des ministères voisins; quelquefois des visages glabres et uniformes de domestiques.

Habiter ici donne un brevet de bon ton et de distinction précieux, et tel étudiant à la maigre pension, mais ambitieux ou vaniteux, préfère une mansarde dans le faubourg Saint-Germain à une chambre plus gaie rue des Écoles; le plus clair de ses ressources est absorbé par son tailleur et ses cartes de visites portent : 17, rue Casimir-Périer! Paris n'est-il pas une ville merveilleuse peu exigeante et très exigeante : les salons ne s'ouvrent-ils pas magiquement quand l'on porte bien l'habit, que l'on reste dans un quartier aristocratique, que l'on est bien présenté et que l'on se présente bien! Le faubourg Saint-Germain est précieux aux jeunes gens qui veulent adroitement profiter de préjugés tendant à disparaître tous les jours.

Ce quartier autrefois aurait plu à Soran. La rue du Bac, faubourg de ce faubourg, où il avait passé son enfance, répondait autrefois à ses idées grises et ternes ou peut-être les avait-elle fait naître.

Il revécut en un instant, lorsqu'il la traversa, toute son enfance. Il revit la vieille maison que son père avait habitée si longtemps, où il était mort, où lui-même était né. Il songea que ce médecin pourrait peut-être le soigner, le guérir, s'il vivait encore et qu'il aurait en lui un malade intéressant à étudier, et, alors, il réfléchit encore sur lui-même, quand peut-être le salut était dans le repos de son esprit, dans l'absence, précisément, de pensées ! Un moment il chercha si cette perte de l'équilibre n'avait pas sa cause dans une hérédité dont il était irresponsable. Il revit sa mère névrosée, si longtemps indifférente à ses caresses et, plus tard, il se le rappelait nettement, maintenant, l'embrassant avec une affection exagérée comme cherchant en lui une consolation à son délaissement, un prétexte à baisers et à amour. Même, un instant, il revit cette nuit terrible qu'il avait passée au chevet de sa mère mourante, emportée d'une manière aussi brutale, comme si Dieu avait voulu, dans cet appareil de terreur, élever son âme et commencer affreusement l'odyssée de tortures dont il ne voyait pas la fin. Il souffrit, en ce moment, toutes les souffrances de cette heure; il voulut en détourner son esprit, mais, après plus de dix ans, il ressentit avec une netteté inéluctable toutes ses anciennes sensations : après le brusque étonnement, impression toute physique, dans l'inattendu d'un tel accident, les cris de sa mère mutilée avaient déchiré ses oreilles. Il s'était penché sur elle, trouvant, pour la calmer, de sublimes caresses, et, un moment, dans le délire, elle le repoussa durement : longtemps, alors, il sanglota, voyant encore le doigt de Dieu dans la réapparition à cette heure suprême des mauvais moments d'autrefois, expiation de péchés qu'il n'avait pourtant pas commis, expiation anticipée, pensait-il maintenant. Toutes ces réflexions le hantaient douloureusement aujourd'hui : même il sentit un instant l'horrible odeur phéniquée.

Il s'enfuit à grands pas de ce lieu néfaste. Il retrouva le quartier Latin si répugnant autrefois ; aujourd'hui, en voyant tous ces jeunes gens (n'était-il pas, lui, un vieillard?), il les trouva charmants dans leur bruyante inconscience ; il pensa que ses dédains et ses mépris d'antan étaient bien puérils. Ne montraient-ils pas une fraîcheur et une gaminerie radieuses? Ils lui plurent tous : les uns dans leur négligence de bohèmes imprévoyants, les autres avec leur sérieux de petits hommes, prévoyants, ceux-là, et marchant dans la voie convenue, moins attrayante mais moins trompeuse.

Le confluent du boulevard Saint-Germain et du boulevard Saint-Michel où Jacques arrivait avec des réflexions si nouvelles, marque un autre quartier. Le vieux faubourg est déjà éloigné. C'est ici une espèce de lieu neutre, moitié rive gauche, moitié rive droite; aujourd'hui Jacques n'eût pas été éloigné d'habiter un tel endroit : il descendait le boulevard Saint-Germain lorsque ses yeux furent frappés d'une démarche bien connue autrefois. Un prêtre marchait à pas rapides devant lui. Jacques le devança un peu et reconnut l'abbé Gratien. Il se découvrit : celui-ci le regarda un instant et tout de suite : « Ah! Monsieur Soran! quelle rencontre! » Jacques eut comme une envie de se jeter dans ses bras et de l'embrasser. Ils se serrèrent la main. « D'abord, dit Jacques, plus de cet affreux « Monsieur », je vous prie; ne suis-je donc pas toujours votre élève et (il ne put retenir ce mot)

8.

n'ai-je pas besoin plus que jamais d'être votre pénitent? » L'abbé Gratien fut touché sans doute de tant d'affection et avec une bonté parfaite : « Eh bien! mon cher enfant, mon cher Jacques, dit-il, devinant une pauvre âme malade, vous n'êtes pas trop pressé, je pense, venez dîner avec moi, nous causerons beaucoup; je reste tout près, proche de l'église Saint-Séverin. » Ils prirent la rue de La Harpe.

Ils marchaient maintenant silencieusement, ayant tant de choses à se dire.

L'abbé Gratien devait avoir une quarantaine d'années, Jacques Soran avait alors à peu près dix ans de moins. Entre deux hommes de cet âge, la différence est petite et l'intimité peut être grande, l'esprit ayant à peu près un développement égal. Et cependant, en se rappelant leurs rapports au collège, Jacques se regardait comme un enfant auprès de l'abbé, et il lui témoignait un respect, il avait pour lui des prévenances qui marquaient bien cet abîme qui, dans son esprit, devait le séparer d'un prêtre.

Le prêtre n'est-il pas toujours, même pour un homme intelligent comme Soran, un être mystérieux, bizarre, pour dire le mot, occupant une place à part dans une société qui s'étonne cependant tous les jours moins facilement. Aujourd'hui, Jacques voyait dans l'abbé Gratien non un contemporain, mais un prêtre. Un peu courbé, les cheveux même grisonnants, ayant les traits régulièrement accentués, le front large, et cette grande distance entre l'œil et l'oreille qui pour les phrénologues signifie la vaste intelligence, l'abbé Gratien offrait un type intéressant et sympathique : l'œil petit et profond, avec de très rares éclairs, dit la mysticité ; la bouche un peu épaisse indique les penchants sensuels, mais l'écartement entre les sourcils exprime la lutte ; et, sur tout ce visage, ce qui avait séduit Soran autrefois, ce qui l'attirait encore aujourd'hui, un air de douceur et de suprême indulgence, qualité sans doute des seuls cœurs purs mais qui connaissent, pour avoir lutté, toutes les tentations de notre malheureuse nature.

L'abbé Gratien habitait un petit appartement assez sombre regardant sur la cour, deux pièces sans doute, devina Soran en entrant.

Il y a à Paris dans le clergé deux genres de prêtres, deux types, si l'on veut, bien définis ; au reste, ne retrouve-t-on pas dans cette distinction les caractères de quelque classe que ce soit. Ces deux types, si tranchés, que l'observateur les reconnaît du premier coup d'œil et peut classer dans sa catégorie le prêtre qui passe dans la rue, sans se tromper, c'est le prêtre riche et le prêtre pauvre, ou, plus justement, le prêtre ambitieux et intrigant, et le prêtre simple et timide. Voyez passer ce prêtre, vous connaîtrez facilement toute sa psychologie et toute sa physiologie : vous devinerez le vicaire d'une des grandes paroisses de Paris, qui en sera bientôt curé, et qui, plus tard, deviendra évêque. Étudiez sa soutane de drap fin et toujours neuve, les glands en soie de sa ceinture, le rabat soigneusement empesé, le chapeau de forme élégante; les souliers vernis à boucles d'argent, aux talons toujours intacts. Si la soutane se relève un peu, vous entreverrez un bas noir bien tiré, et la cheville à découvert vous dira suffisamment une élégante culotte de velours s'arrêtant au genou. Soigneusement rasé, la tonsure entretenue par un barbier méticuleux, les mains blanches, de cette unique blancheur de prélat, le prêtre mondain s'avance avec une assurance et une confiance qui indique la radieuse tranquillité de l'âme. Soyez certain que, tout à l'heure, il entrera dans un bon appartement aux moelleux tapis, peut-être même orné de quelques bronzes; le Christ, au reste, occupe la place d'honneur. N'a-t-il pas tout pour être heureux, celui qui, depuis longtemps, a imposé silence aux questions de son esprit par un acte de foi habile et qui maintenant se laisse simplement vivre, dans le confortable du corps et du cœur. L'abbé mondain est aimé du monde, respecté et peut-être craint ; est-il besoin de dire que son onction et sa douceur, comme aussi la certitude d'une parfaite discrétion, lui assurent bien des cœurs ; vénéré des maris, aimé des femmes, il coule une vie douce et tranquille.

Le prêtre timide, que sa timidité même rend un instrument docile aux volontés de ses supérieurs, peut parvenir, lui aussi, par son apparente médiocrité. Mais il restera toujours, s'il a la chance de venir à Paris, dans une cure écartée et modeste. La chevelure peu soignée, le ton bleu du menton et des joues, une douillette négligemment ouverte, la coiffure aux bords roussis, disent la concentration de l'esprit et la petite importance qu'il accorde au temporel. Pas un détail, du reste, qui ne suffise à le classer sûrement : la chaussure mal cirée a de grosses semelles ; et un pantalon apparaît sous la soutane, informe et sans coupe ; les mains mêmes manquent d'aristocratie et la tonsure en friche disparaît quelquefois. La psychologie du prêtre pauvre est peu complexe ; n'est-elle pas tout entière dans ce mot : il est pauvre ; la démarche est résignée, sans ambition. Le hasard l'a conduit dans ce milieu de Paris si glissant, mais inoffensif pour un homme peu sensible aux choses extérieures. Il vit naïvement, sans intrigues ; il dit sa messe et lit son bréviaire avec une longue accoutumance qui fait de ces deux devoirs des fonctions organiques de sa simple existence. N'y a-t-il pas aussi quelque paresse dans ce détachement du monde? D'une origine infime le plus souvent, il est heureux de sa condition présente et n'a pas de désirs. N'est-ce pas la parfaite félicité pour un homme destiné à pousser la charrue ou à être, tout au plus, instituteur ?

Cette classification, comme toutes les classifications, est peut-être absolue ; néanmoins elle fera mieux comprendre le caractère de l'abbé Gratien. Celui-ci, avant tout, était un prêtre très sincère et très humain : sincère, puisqu'il avait de son ministère l'idée la plus haute, et un sentiment très net de ses devoirs ; humain, puisqu'il avait dû lutter contre des tentations et qu'il y avait succombé quelquefois. L'esprit trop haut pour se laisser séduire par des intrigues mesquines, trop perspicace pour ne pas mépriser le monde, il n'était pas encore, cependant, le prêtre humble et timide ; ne peut-on résumer d'un mot ce prêtre : c'était un homme. On se rappelle, sans doute, sa sollicitude pour Jacques enfant, ses imprudences de directeur de conscience inexpérimenté ; il comprenait aujourd'hui qu'il pouvait réparer le mal qu'il avait peut-être causé dans un excès de zèle, et il pensa que la Providence venait sans doute de le conduire sur le chemin de Soran comme un guide et comme un sauveur ; un prêtre, en effet, dans sa vie constante et intime avec des consciences si diverses, un confesseur, n'acquiert-il pas une divination qui lui permet, sur un regard, sur un simple mot, de lire dans un esprit avec une merveilleuse lucidité ? Sans nul doute, Soran traversait une crise terrible, et son devoir, à lui prêtre, était de ramener au bien celui qui s'en était peut-être écarté. Telles furent les premières réflexions de l'abbé Gratien. Depuis dix ans, sa science de confesseur, son art même, si l'on veut, car la direction des consciences ne demande-t-elle pas des qualités naturelles que suppléerait mal l'étude, s'était bien augmentée. Après avoir analysé pendant plusieurs années des natures simples d'enfants, il avait eu entre les mains, on peut s'exprimer ainsi en parlant d'un chirurgien des âmes, des consciences plus complexes d'hommes. En sortant du séminaire, il songea, un instant, à entrer dans un ordre régulier ; il étudia au collège de Juilly cette congrégation de l'Oratoire, peu sévère pourtant, et il renonça bien vite à ses premières idées. Ce renoncement complet à sa propre énergie, cet énervement volontaire de ses forces, cette fusion de la personnalité, l'absorption de soi-même, cette union de tous dans un but trop souvent temporel visé par un ordre, qu'il observait déjà dans cette simple association, le détourna de ses projets. Il ne songea plus à l'Oratoire après cette expérience, et encore moins voulut-il faire profession dans un ordre plus sévère. Il pensa que la prudence lui commandait de consulter ses forces et il se trouva trop faible pour ce renoncement exagéré à soi-même. Il occupa pendant quelque temps une petite cure de province et, depuis peu, il avait été nommé vicaire de la paroisse Saint-Séverin. Là, il était pleinement heureux.

— Eh bien ! mon cher enfant, dit l'abbé, avec une tendre familiarité, nous sommes donc bien triste ?

II

L'appartement de l'abbé Gratien se composait sans doute de deux pièces seulement, puisque le couvert était mis dans le cabinet de travail. Peut-être même la chambre à coucher était-elle une alcôve comme souvent dans ces vieilles maisons, si confortables. Les meubles strictement nécessaires : quelques rayons de bois blanc en guise de bibliothèque ; contre le mur, une table, non surchargée de paperasses, avec un livre ouvert et quelques manuscrits. Au-dessus, dans son cadre de carton vitré, une collection de papillons et de scarabées très communs, souvenir apparemment du parc de Juilly : n'était-ce pas là le signe d'une simplicité charmante que cet unique luxe, et ce petit bibelot insignifiant et sans valeur n'était-il pas amusant, et n'indiquait-il pas une nature bien simple?

Dans un coin, un prie-Dieu en bois noir, au-dessous d'un christ très vulgaire et très bon marché.

Des rideaux blancs, sans double draperie, cachent un peu la laideur de la cour.

Soran se sentait très bien ici.

Cette austérité lui rappelait en ce moment ses anciennes idées, et celui qui habitait là, avec si peu de recherche du bien-être devait sans doute puiser dans cette nudité le calme et la sérénité d'un esprit non distrait par les choses extérieures.

La conversation fut d'abord très banale.

A la question directe et affable de l'abbé, Jacques garda le silence, et celui-ci comprit que, sans doute, il allait trop vite. Il parla alors de choses vagues et indifférentes. Il raconta son départ de Juilly, il dit sa vie en province, ses pénitents peu intéressants, et son bonheur aujourd'hui, à Paris; ses rapports avec son curé très aimable, tout et rien enfin.

— Mais je pense que je vous parle beaucoup de moi, monsieur Soran, dit-il avec un sourire. Et vous, qu'êtes-vous devenu depuis ces dix années? Êtes-vous avocat, médecin?

Jacques raconta très simplement sa vie si simple; c'est-à-dire qu'il ne toucha pas à toute la complexité de ses événements moraux ; ayant très peu de choses à dire, dans l'uniformité apparente de cette vie, il remonta très loin, comme se complaisant à retrouver de vieux souvenirs ; il raconta l'histoire amusante de son baccalauréat, rechercha même un instant le sujet de dissertation philosophique qu'il avait eu à traiter, et, habilement, il entraîna l'abbé à discuter la question. Celui-ci, charitablement, favorisait son innocente supercherie, et il semblait oublier que Jacques était là pour être consolé ; quoi de plus maladroit en effet, de plus imprudent même, que de vouloir entrer brusquement dans une conscience ?

— Et ensuite, dit l'abbé, vous avez étudié la médecine comme votre père ?

Habilement, Jacques profita de cette question pour développer ses idées sur la profession de médecin. Il avait préféré étudier le droit ; au reste, avoua-t-il, le droit ne l'attirait pas davantage, et il ne l'avait commencé que pour satisfaire sa mère.

— Un moment, dit-il, j'avais songé à la médecine, mais une visite à l'hôpital, le spectacle de tant de souffrances, me fit penser qu'il était moins triste d'essayer de les ignorer. Et puis (ici il n'eut pas l'habileté de se contenir), une seule médecine m'eût intéressé, celle des âmes.

L'abbé Gratien, alors, émit ses idées :

Sans doute, c'était une bien noble tâche que celle du confesseur : mais combien délicate et ingrate ! Quelle tristesse, lorsqu'on voit une âme qu'on a dirigée avec tant de sollicitude vous échapper brusquement ! Et quelquefois, dit-il, ce sont celles de qui l'on était en droit d'attendre les plus grandes choses, qui donnent les plus cruels mécomptes.

Jacques songea alors que, lui aussi, dans l'occasion, aurait pu faire de grandes choses, et cette parole lui sembla une exhortation directe à parler.

— En effet, dit Jacques (et en ce moment, au lieu de fuir des aveux qui lui auraient coûté jusque là, il parut heureux de cette occasion de les commencer), j'ai rencontré bien peu de prêtres qui fussent à la hauteur de leur tâche.

Alors commença une grande discussion sur la confession, que l'abbé nourrit adroitement, pour l'amener insensiblement à un épanchement parfait.

— Vous allez, je crois, un peu loin, mon cher

enfant, car tout l'effet de la confession, son objet dans le dogme catholique n'est-il pas dans le seul aveu des fautes, et le confesseur ne peut-il pas se borner au rôle de simple auditeur?

Jacques ne fut pas de cet avis; pour lui, il fallait voir dans la confession un but moins négatif, et laisser au confesseur plus d'initiative. Que deviendraient, dans l'hypothèse de l'abbé, de malheureuses âmes sans direction, et abandonnées à elles-mêmes? N'y a-t-il pas déjà, dans l'ordre temporel, une image de la confession? la causerie, par exemple, n'est-elle pas presque aussi douce et aussi utile, quand on y peut puiser des conseils sincères? » Rappelez-vous enfin, monsieur l'abbé, autrefois, à Juilly...»

Ainsi commencée, la conversation ne pouvait plus longtemps rester banale. Jacques indiqua quelques détails si compliqués de sa vie morale et, après quelque appréhension, il en éprouva un grand soulagement. Il raconta comment il avait fui un monde à peine entrevu : il dit ses idées de retraite, son impuissance et son découragement, sans en dire la cause matérielle : il dit tout, ou presque tout. Plusieurs fois, dans cet entretien, il voulut demander à l'abbé d'entendre, là, tout de suite, après le dîner, sa confession : une sotte vanité le retint.

— Eh bien! mon cher Jacques, dit celui-ci, cela ne va pas si mal! Je vous trouve des idées très saines, peut-être trop de scrupules ; peut-être aussi parfois des hésitations ; mais (avec un sourire) le fond est bon ; et puis, votre présence ici n'est-elle pas rassurante ?

— Oh! dit Jacques, vous êtes toujours si indulgent! Hélas! au contraire, cela va bien mal et j'aurais tant besoin de conseils.

A vraiment parler, on eût hésité à reconnaître dans cette conversation avec un prêtre un homme de trente ans, et un auditeur eût certes été surpris d'apprendre que ce pénitent si faible et si désorienté, tremblant de parler, en sentant pourtant le besoin, était une sublime intelligence merveilleusement affinée dans les études les plus ardues, entraînée aux problèmes les plus fuyants de la haute métaphysique, et l'on eût cru invraisemblable que cet homme, si soucieux d'étudier les phénomènes les plus complexes de la volonté, eût tant besoin de direction. Ne devait-il pas être fort entre tous celui-là qui avait voulu être fort? ne devait-il pas être pur celui qui avait voulu être pur? ne devait-il pas enfin posséder une volonté immense celui qui avait exercé et entraîné sa volonté? ne devait-il pas être un saint celui qui avait voulu être un saint?

Hélas! Jacques Soran n'était pas un saint; il n'était plus guère pur, ni fort; il était faible à présent, bien faible! Comme l'athlète invaincu que terrasse en un moment la tremblante fièvre, le doute subtil et timide, le simple doute, avait effleuré cet esprit et il avait suffi pour le désorganiser et l'énerver; du moins devait-il produire cet effet dans un cœur surtout soutenu par la foi, chez un homme trouvant sa force dans la prière et sa puissance dans la certitude de sa puissance; ne devait-il pas en un moment devenir faible entre tous quand cette foi était ébranlée, quand cette certitude vacillait? Un jour il avait eu cette sinistre illumination que Dieu, peut-être, l'abandonnait; il s'exagéra la gravité d'une chute, péché mortel mais pardonnable : il douta enfin.

Aujourd'hui, il voulait vaincre ce doute!

O vous tous, esprits superbes qui n'avez jamais douté n'ayant jamais cru, qui n'avez jamais failli n'ayant jamais été forts, esprits forts! qui n'avez jamais été au-dessous de vousmême n'ayant jamais été au-dessus!

trouverez-vous ridicule ou même étrange cet homme éperdu; trouverez-vous étrange ou même ridicule cet homme luttant contre luimême, essayant de se reconquérir; trouverezvous ridicule et étrange cet homme assez fier pour s'avouer vaincu, assez grand pour s'humilier?...

Soudain, Jacques Soran se jeta aux pieds du prêtre, et, se signant, il s'écria : « Mon Père, bénissez-moi parce que j'ai péché ! »

III

Quand on arrive au confluent du boulevard Saint-Michel et du boulevard Saint-Germain, si l'on prend la rue de La Harpe et si, curieux d'un quartier tout différent de celui qu'on vient de quitter, on est attiré par l'aspect étrange de la vieille rue de la Parcheminerie, on trouve là un coin de Paris, du vieux Paris, si peu connu des Parisiens. C'est un grand quadrilatère compris entre le boulevard Saint-Michel, le boulevard Saint-Germain, la rue Saint-Jacques et le quai. En plein cœur du quartier Latin, cet endroit n'a rien de commun avec lui. Là, de belles rues, des gens élégants, de radieuses boutiques, du bruit. Ici, des ruelles tortueuses et mal pavées, très étonnées parfois par de rares maisons neuves; des gens mal mis, très mal mis; pas de boutiques, des échoppes, pas de tumulte, une vague rumeur.

Jacques Soran, en quittant l'abbé Gratien, s'était aventuré, avec ses nouveaux goûts de flâneur, dans cet étrange endroit. La rue de La Harpe a encore, elle, des faux airs de Paris, du Paris actuel ; mais la rue de la Parcheminerie, à peine large pour une voiture, semble plutôt l'entrée d'une cour des Miracles. Jacques trouva là un délassement amusant aux yeux, de la géométrie ennuyeuse des autres quartiers : il continua au hasard, et en sortant de cette façon de ce boyau, il déboucha, très surpris, dans une rue, aspect encore différent, de ce lieu bizarre. Ici, la province en plein Paris : cette rue des Prêtres-Saint-Séverin, se rétrécissant, puis élargie par des constructions un peu moins anciennes, mais aux tons sombres aussi, vous transporte, avec son air vieillot et placide, dans quelque ville du Nord, Arras ou Saint-Omer. En descendant vers le quai, la vieille église, une des plus intéressantes et des moins connues de Paris, montre ses ogives simples encore et peu maniérées ; à droite, une petite maisonnette, le presbytère, s'élève modestement. Ce n'est plus là le quartier sale et très ouvrier d'à coté ; la rue est tranquille, les maisons irrégulières ; devant l'église, une petite place, ou plutôt un renflement de la rue, semble la cour intérieure d'un couvent.

De tous ceux qu'il avait visités, cet endroit, au milieu d'un quartier repoussant à première vue, le séduisait seul : la disposition d'abord des maisons, comme jetées là au hasard, l'air un peu suranné des vieilles gens qu'il en voyait sortir, même un pavé amusant remplaçant le laid macadam, tout cela était pour lui plaire. Précisément, un appartement se trouvait libre devant l'église.

Il pensa aussi qu'il serait là tout près de l'abbé Gratien avec lequel il comptait fréquenter beaucoup maintenant. Il avait trouvé chez lui, non pas les banales paroles du prêtre, ni les exhortations convenues du confesseur, mais une élévation d'idées, une largeur de vues, jointes à un sens pratique, à une sublime habileté, si l'on peut dire, qui l'avaient émerveillé. Il avait tout dit à l'abbé Gratien, et le cas de conscience eût été simple d'absoudre, devant une contrition parfaite, un moment d'égarement : il y avait, hélas ! chez Soran, un état plus grave, plus dangereux ; il mit son âme à nu devant le confesseur et lorsque celui-ci, avant de lui donner la bénédiction rédemptrice, lui dit : « Vous repentez-vous? » Jacques éclata en sanglots. Sans doute il se repentait, il avouait qu'il avait péché, mais pouvait-il se vanter d'une contrition parfaite, quand plus que jamais maintenant il était amoureux, d'un amour peut-être au-dessus de la nature, pour certains esprits à la vision faussée, mais contre la nature, pour les consciences saines, honteux enfin et inavouable. Certes, le problème était grave et il eût été insoluble pour un directeur ordinaire usant des seules ressources puisées dans les Diaconales et dans les Manuels. La théologie, comprise étroitement, eût été impuissante, son secours inefficace. Les mœchialogies qui n'abordent qu'en tremblant et à grand renfort de latin, certains péchés dits contre nature, étaient muettes sur l'état habituel de péché dans lequel vivait Soran en ce moment : avec leurs distinctions subtiles, leurs analyses vaines elles disaient seulement ce que le prêtre le plus vulgaire devine facilement. Ce sont de longs chapitres sur des fornications toutes matérielles, sur des onanismes peu intéressants; on trouve là des dissertations plates et terre à terre sur les commerces prohibés dans les unions même légitimes; ce sont encore des divisions et des subdivisions puériles; des différences entre la sodomie parfaite et la sodomie imparfaite, basées seulement sur des considérations charnelles, l'une étant rendue moins grave par la différence des sexes ; c'est encore la bestialité, ce vice plutôt bête qu'horrible, variété d'onanisme tout simplement et que les théologies, dans des accès d'indignation un peu risible, trouvent le plus abominable de tous les crimes. Quelle indication précise, quel conseil un directeur de conscience pouvait-il trouver dans ces recueils sur la conduite à tenir envers un pénitent tel que Jacques Soran !

L'abbé Gratien dut réfléchir longtemps : il ne s'agissait en ce moment ni de la bestialité ni même de l'onanisme puisque ce dernier péché si bien défini n'avait été qu'un accident chez Soran, une chute rare en somme. Ce n'était pas non plus une sodomie parfaite ou imparfaite, puisque aucun acte charnel n'avait été commis : d'après les aveux de Soran, l'abbé Gratien se résumait ainsi la situation morale de son pénitent : ayant d'abord éprouvé un amour très grand mais très pur avec la volonté de le rendre légitime, Jacques avait été circonvenu par une horrible fatalité. Jusqu'au moment de cette affreuse découverte, il était exempt de toute faute. Depuis cet instant il avait dû soutenir une lutte au-dessus des forces humaines. N'était-il pas, si l'on veut, en restant encore dans le domaine purement intellectuel, un sodomite malgré lui? Et, dans ce cas peut-être unique, se présentait cette étrangeté, qu'il eût été moins coupable, innocent même, si ses premiers sentiments avaient été moins purs : s'il n'avait été séduit, en effet, que par les trompeuses apparences d'un androgyne vulgaire, il eût rougi sans doute de sa méprise et l'eût oublié aussitôt. Mais hélas! n'était-il pas nécessaire pour le malheur de Soran que l'espèce se compliquât; l'amour de Jacques n'avait-il pas toujours été, jusqu'au moment où les sens parlèrent, un platonisme sublime qu'on eût pu admirer même entre deux hommes, n'était-ce pas l'esprit qui d'abord avait été épris d'une passion légitime? Aujourd'hui que la triste vérité était connue de Soran, le côté tout intellectuel de cette passion pouvait-il s'éteindre, cet amour même n'était-il pas excusable? L'abbé Gratien dut se l'avouer; mais de graves considérations intervenaient, des scrupules, des craintes, s'imposaient; le corps était là, la chair, les sens enfin qui, ayant été surexcités, ne pouvaient plus se soumettre maintenant et qui, brutalement, transformaient une passion sublime en un vice contre nature. Ne pouvant donc dominer des désirs charnels, impuissant à séparer un sentiment sensuel d'un amour purement idéal, incapable en un mot de purifier une amitié qui ne pouvait plus être légitime, Jacques avec tous ses désirs et tous ses regrets était en état habituel de péché mortel. Que devait faire le prêtre dans ce cas?...

Simple et vulgaire, comme le curé de Noirchain, il eût recommandé la prière et la volonté; l'abbé Gratien dans son intelligence et son expérience pensa qu'il était besoin d'autre secours. Sans doute il ordonna à Jacques de prier, il lui imposa même des *pénitences*. Mais ces remèdes ne devaient-ils pas être vains? N'était-ce pas là un peu la manière d'un médecin qui ordonnerait de longues marches à un impotent? Jacques, du reste, ne cacha pas l'impuissance du curé de Noirchain, et lui qui n'avait jamais trouvé sa force que dans la prière, se croyait perdu sans retour maintenant que celle-ci était inutile.

L'abbé Gratien fut, dans cette circonstance, suprêmement adroit. Avec un tact parfait, il commença d'abord par blâmer Jacques de son découragement; il réveilla cette vanité que renferment toujours les esprits les plus grands; il lui persuada que son état n'était pas désespéré, et qu'il était toujours pur malgré quelques fautes ; que si la lutte, enfin, avait été surhumaine, Dieu sans doute devait être pitoyable à la défaite. « Au reste, conclut l'abbé Gratien avec une bonté habile (n'est-ce pas là la seule bonté et celle qui résulte seulement de la faiblesse mérite-t-elle l'admiration ?), vous n'êtes pas si coupable, mon cher enfant ; votre vertu a été surprise, vous n'avez pas péché de gaîté de cœur, la faute n'est encore que dans l'esprit, elle n'est que vénielle. »

Bref, l'abbé Gratien fit si bien que Jacques fut consolé et réconforté ; il récupéra sa propre estime ; c'était par un bizarre cercle vicieux le seul moyen pour lui de la mériter.

L'on sait que la médecine nouvelle, qui ne découvre jamais, du reste, que des vérités connues mais non analysées autrefois, accorde à l'imagination une influence absolue sur le corps. Si cela est vrai dans le domaine physique, n'est-ce pas évident pour les faits moraux ; et si certaines maladies se traitent par la simple persuasion, tous les maux de l'âme ne doivent-ils pas aussi se soigner par une sorte de suggestion ? C'est ce que l'abbé avait compris, c'est ce qu'il fut assez fort pour obtenir.

Jacques le quitta plein de confiance, acheminement déjà vers le salut, concevant maintenant la possibilité de la guérison puisque son état était grave mais non désespéré — donc presque guéri. Le premier point, la préparation du malade au remède, était obtenu ; il fallait trouver maintenant ce remède : dans cette cure désespérée, l'abbé pensa que peut-être il pouvait permettre un petit mal pour obtenir un grand bien ; c'est ce qu'il avait déjà fait ; pour sauver Jacques d'un découragement mortel, il avait presque risqué de le rendre orgueilleux ; qu'importait en effet une faute vénielle comme celle-là si, seule, elle pouvait sauver Jacques d'une perte absolue ! L'abbé fit plus ; il comprit qu'il lui était permis d'employer, dans cette circonstance, des remèdes peut-être dangereux, et qu'avant tout il importait que Soran ne fût plus seul avec lui-même puisque la solitude avait failli le perdre.

— Peut-être, mon cher enfant, dit-il à Jacques, certains confesseurs, vous connaissant moins, vous auraient-ils conseillé un redoublement d'ascétisme, une exagération de la retraite ; mais l'expérience vous a été trop funeste, vous êtes tombé pour avoir voulu vous élever trop haut, Dieu vous a donné là un enseignement dont il vous faut profiter. Vous trouverez votre salut où d'autres trouvent leur perte, et ce qui pour presque tous est un danger sera un bien pour vous. C'est le monde qui vous sauvera, le monde que vous avez haï et méprisé, que vous haïrez et mépriserez encore, mais au sein duquel vous vivrez, fort et confiant ; le monde sera votre rédemption, et, alors, plus tard, peut-être vous sera-t-il permis après cette épreuve de vous abstraire et de tendre à l'absolue perfection. Vous rechercherez les spectacles et les fêtes, le tumulte et le bruit, et à ce prix, je vous promets la paix et la tranquillité. Sans doute les occasions de pécher se présenteront nombreuses ; mais ne seraient-elles pas constantes dans la solitude avec l'état actuel de votre cœur? Vous résisterez à ces tentations, mon cher Jacques, et vous serez fort, ne voulant pas être trop fort. Venez souvent, tous les jours, et, puisque je suis votre médecin, dit l'abbé Gratien avec une douce autorité, soyez confiant et laissez-vous soigner.

IV

— Monsieur le comte de Montgeron !
— Monsieur le prince Sanvalli !
— Monsieur Levraut !
— Monsieur Messenat !

De temps en temps la porte s'ouvrait et un domestique « très bien » annonçait, avec des inflexions respectueuses, le nom des visiteurs. Les personnes déjà présentes se montraient l'homme célèbre, ou, par leur inattention, indiquaient qu'un nom leur était parfaitement inconnu.

Il y avait, du reste, ici, de quoi satisfaire la curiosité la plus exigeante, et un explorateur du monde parisien eût trouvé, à la soirée de M. Jérôme Le Rey, ample matière à étude : toutes les personnalités intéressantes par le talent, la fortune ou même par la nullité étaient là. C'était le comte de Montgeron, le seul descendant de la vieille famille des Montgeron-Micourt, dont la noblesse remonte aux croisades, ainsi que le prouvent les merlettes de son écu; c'était le prince Sanvalli, prince évidemment puisqu'il était Italien (mais le monde fait-il jamais des enquêtes sur ceux qu'il reçoit?). C'était M. Messenat, le compositeur « aimé du public » et ne visant avec, pourtant, du talent, qu'à une perpétuelle masturbation des habitués de salons, descendu jusqu'à l'homme du monde, ce qui lui rapportait, bon an, mal an, soixante mille francs, chiffre prodigieux pour un compositeur.

M. Levraut, un très gros industriel, le mari de la belle Mme Levraut, entrait enfin, montrant l'assurance que peuvent donner cinq cent mille livres de rente.

Le maître de la maison, M. Jérôme Le Rey, avec une fortune assez peu considérable, réunissait ainsi, de temps en temps, des gens connus, et le lendemain, moyennant dix francs la ligne, un écho du plus grand journal mondain lui décernait des éloges enthousiastes, en faisant remarquer avec quelle grâce parfaite Mme Jérôme Le Rey, « très en beauté », avait fait les honneurs de la soirée...

La noblesse des Le Rey date du premier Empire, le général Le Rey, grand-père du représentant actuel de cette famille, ayant été fait duc de Walkberg par Napoléon Ier. Vers la fin du second Empire, le salon de Mme Jérôme Le Rey « brilla du plus vif éclat » et après la déconfiture de l'empereur c'était là encore qu'on retrouvait, dans les premières années de la troisième république, les derniers vestiges de cette haute société un peu mêlée, presque disparue aujourd'hui. Jacques avait été présenté à Mme Jérôme Le Rey par un ami de l'abbé Gratien, intime dans la maison.

Ce soir de ses nouveaux débuts dans le monde, il se mêla peu aux groupes qui se forment toujours dans les grandes soirées et se tint un peu à l'écart, observant silencieusement.

M. Jérôme Le Rey s'était fait la réputation, à peu de frais, d'un Mécène généreux et d'un artiste amoureux de toutes les belles choses, avec un éclectisme très vanté.

Ses soirées offraient toujours une attraction nouvelle: on y rencontrait les gens les plus en vue, de ce qu'on appelait déjà le Tout-Paris; des artistes, des financiers, des journalistes même; de graves personnages aussi, le professeur Bardy-Rivet, membre de l'Académie des inscriptions, le poète Granthomme, de l'Académie française, daignaient y faire une courte apparition. Le maître de la maison pouvait s'enorgueillir aussi de quelques visites de Victor Hugo.

Depuis peu de temps, obéissant à cette fièvre de cabotinage qui commençait à sévir à Paris, M. Jérôme Le Rey avait su gagner l'amitié de quelques « artistes » en renom et l'intérêt des soirées était corsé maintenant par des monologues, des quatuors, voire par de petites représentations.

Il y a à Paris deux genres de « monde » bien tranchés. Le monde collet monté du faubourg Saint-Germain, sauvage et ennuyeux, et le monde plus gai, moins sévère, très cher aux artistes et qui vit surtout par la réclame. Jacques, ce soir-là, entrevoyait ce dernier.

Depuis son retour à Paris, l'état de son esprit avait changé très peu, et il pouvait douter que le remède, conseillé par l'abbé Gratien, fût bien efficace. Les conseils de celui-ci, son commerce habituel, lui avaient d'abord redonné quelques forces. Mais, hélas! il vit bientôt que ce courage n'était qu'illusoire; il aimait plus que jamais et il ne pouvait même s'avouer complaisamment à lui-même cet amour si pur autrefois, s'accentuant, très honteux, maintenant ; résultat terrible de cette fatalité, il éprouvait aujourd'hui, pour la femme, non pas le mépris de jadis, mais une répulsion invincible ; toutes celles qu'il voyait, celles surtout qu'il apercevait ce soir, augmentaient encore ces malheureuses dispositions. N'aurait-on pas dit qu'un ennemi inconnu avait pris plaisir, dans son aventure de Noirchain, à lui montrer une femme idéale, belle de toutes les beautés, et après en avoir rempli son cœur, à lui faire toucher, par une affreuse expérience, la preuve palpable, pour ainsi dire, qu'une pareille femme ne saurait exister ?...

Un ténor célèbre chantait en ce moment un air du *Ninon de Lenclos* de Messenat. Celui-ci accompagnait au piano et c'était, dans tout le salon, des pâmoisons et des extases lorsque la phrase, très mélodique, du début, revenait avec d'ingénieuses variantes. Jacques se sentait assez mal à l'aise sous cette musique.
— Une odeur aussi montait de tous ces corps à l'étuve et cette senteur moite de femme lui semblait nauséabonde.

Avec un ridicule parfait, M. Jérôme Le Rey empilait, dans un salon pouvant contenir trente personnes, plus de quatre-vingts invités attirés par un programme promettant d'intéressantes exhibitions.

Jacques voyait des épaules et des poitrines s'étalant avec toute l'impudence de la laideur, et il ne pouvait s'empêcher de songer à cette poitrine et à ces épaules qu'il avait entrevues dans ce viol si tristement révélateur...

Toutes ces femmes lui semblaient si bêtes dans leurs admirations, qu'il songeait encore à cet esprit merveilleusement élevé, trop élevé même, pensait-il maintenant, pour être d'une femme. Il quitta le grand salon dans ces tristes réflexions, et il erra dans les petites pièces voisines. Dans le fumoir, quelques invités avaient une conversation stupide, assis dans des fauteuils, les jambes croisées, se délassant de leur contenance fatigante d'homme du monde.

Jacques traversa et alla s'accouder à la fenêtre ouverte.

Devant lui s'étendait la longue fuite des boulevards. Il regardait tristement les lumières et ce papillotement, comme fixant ses pensées, l'absorbait.

Quand il se retourna, le fumoir était vide et, dans son grand éloignement du salon, au milieu de ce silence, il entendit des chuchotements venant d'un petit boudoir voisin. Il s'approcha, inconsciemment, sans curiosité. Ce qu'il vit ne put le surprendre, lui qui, maintenant, soupçonnait, hélas! toutes les aberrations et toutes les dépravations...

Des bougies, sur la cheminée, éclairaient assez mal un divan qu'il apercevait par la porte entre-bâillée et, un instant, il douta s'il ne se trompait pas :

Deux femmes en toilette de bal, très décolletées, étaient assises, étroitement serrées l'une contre l'autre, dans une affection qui lui parut exagérée : et c'étaient des caresses et des baisers ardents, et leurs seins se raidissaient sous cette excitation : deux femmes mariées, sans doute, cherchant dans une liaison contre nature un amour que leur mari ne pouvait leur donner, et sans doute aussi, à voir leur éréthisme apparent, demandant à des lèvres plus habiles des jouissances que celui-ci ne savait leur fournir.

Jacques ne put s'empêcher de prendre plaisir à ce spectacle troublant, mais séduisant, en somme, puisque ces deux femmes étaient toute la grâce et la même beauté, et il eut cette pensée affreuse que sans doute les sentiments accoutumés étaient faux et que, peut-être, il était excusable, comme ces deux femmes, d'avoir, un temps, cherché plus loin que les choses permises. En ce moment, le ressouvenir s'imposa à son esprit, de ce merveilleux être qu'il aimait malgré tout, et il ne put trouver un mouvement de mépris pour ces tribades qu'il venait de surprendre...

Jacques reparut un instant dans le salon : quelques personnes déjà prenaient congé et les visages des femmes, sous la chaleur et la fatigue, devenaient plus vrais. Il s'en alla.

Il descendit les boulevards et regagna lentement le quartier Latin : des femmes, parfois, l'accostaient avec des paroles très aimables ; d'autres, plus élégantes, avec plus de tenue, le frôlaient au passage. Un instant il eut comme un désir de « monter » et de chercher dans les raffinements proposés le calme de sa chair. Tout de même, une sorte de respect humain (cela seulement aujourd'hui) le retint.

Il hâta le pas, et rentra chez lui. Jacques avait loué un appartement rue des Prêtres-Saint-Séverin : de ses fenêtres il voyait l'architecture si simple de la vieille église et il avait sous ses yeux comme le refuge promis à son pauvre cœur errant. La piété si attiédie par le bouleversement de sa conscience n'avait pu disparaître complètement. Comme avec le vague sentiment que là était le salut, et aussi par une obéissance confiante à l'abbé Gratien, il essayait de prier encore. Il avait, du reste, conservé un léger espoir de récupérer son énergie d'autrefois et il croyait encore à la puissance de la volonté; il avait foi malgré tout aux vertus de la cabale : il avait faibli sans doute, puisque le monde extérieur avait eu barres sur lui, mais peut-être cette épreuve n'aurait-elle qu'un temps. Il examinait ainsi son âme tout en regardant le grand squelette de l'église se profiler dans cette nuit tranquille : il avait ainsi accoutumé, lorsqu'il se repliait sur sa pensée, de suivre des yeux quelque phénomène, quelque objet.

Ce soir-là, il voulut se rendre un compte exact de lui-même et s'interrogea nettement. Une première chose, d'abord, le consola : son enfance pure, ses aspirations hautes d'antan; Dieu, dans son jugement, lui devait pour cela son indulgence. La source de ses péchés lui parut être dans l'orgueil et cette pensée se présenta à lui : « Celui qui s'élève sera abaissé. » Il avait sans doute voulu s'élever trop haut, et, voulant tendre à la vertu, n'avait-il pas rêvé la toute-puissance qui, seule, est de Dieu même. La phrase symbolique : « Le Verbe fut fait chair, » doit-elle être réalisée par l'homme ? Le Verbe dans l'interprétation vraisemblable de ce symbole, n'est-ce pas la pensée immortelle, un sublime effluve de la Divinité fait chair, c'est-à-dire devenant fait, du vouloir exclusif de Dieu, et cette production d'un miracle n'est-elle pas son apanage et son monopole? Il avait voulu la réaliser, il avait été puni de son outrecuidance. Il ne pouvait en douter, les saints eux-mêmes avaient souhaité être dignes de Dieu, mériter qu'il descendît jusqu'à eux, mais non s'élever jusqu'à lui : Satan n'était-il pas un ange déchu pour n'avoir pas compris cela? Lui, n'était pas encore damné et sa chute contenait peut-être en elle-même sa rédemption ; cette chute envoyée par Dieu comme un avertissement et comme un encouragement à l'humilité. Jusqu'où maintenant avait été la chute?... Il ne s'arrêta pas, dans son examen de conscience, à ce moment d'égarement qui avait causé son départ de Noirchain : l'abbé Gratien l'en avait absous; mais il était torturé par un amour terrible et qui ne pouvait être suivant Dieu : là était la vraie chute; il était obsédé sans cesse par cet Être si semblable à lui trop semblable, hélas! dans son identité charnelle, et il ne devait pas aimer un pareil être... Que faire alors?

Il réfléchit longtemps, pensa que le monde était une sauvegarde bien illusoire et sa prière se termina par ces mots : « Seigneur, pourquoi m'avez-vous retiré ma force?... »

Le lendemain matin, une lettre de l'abbé Gratien lui disait : « Venez sans faute aujourd'hui : affaire grave. »

V

Tous les matins à six heures et demie, l'abbé Gratien disait la messe à l'église Saint-Séverin. Après son action de grâces, assez longue généralement, il allait visiter quelques pauvres et rentrait vers dix heures.

Soran, très intrigué, ne put rester chez lui dès qu'il eut reçu cette lettre : il eut deux grandes heures à occuper. Dans son impatience, il entreprit une longue promenade en torturant son esprit pour deviner quelle pouvait être cette affaire si grave : il n'y réussit pas, c'est-à-dire qu'il rejeta successivement toutes les hypothèses qu'il put faire ; elles ne furent du reste pas nombreuses, l'uniformité parfaite de la vie de l'abbé Gratien lui en suggérant très peu.

Quand il arriva chez celui-ci, il le trouva radieux : — Vous êtes bien intrigué, lui dit l'abbé, d'un air enjoué.

— En général, fit Soran, je n'aime pas les nouvelles ; j'en attends si peu de bonnes et tous les changements dans ma vie m'ont été si funestes...

— Voyons, dit l'abbé, avez-vous toujours confiance en moi ?

— Pouvez-vous en douter ?

— Ne m'avez-vous pas vaguement promis de me laisser vous soigner ?

— Sans doute, mais...

— Eh bien ! voici : je vous marie.

Et cependant que Soran stupéfait ne trouvait pas un mot, l'abbé Gratien, avec une tendresse toute paternelle, lui fit un tableau attristant de sa vie présente, et il trouva dans son cœur de prêtre et d'ami des accents si sincères, ce prêtre pur, des arguments si habiles, cet ami adroit, que Jacques ne put se défendre ; du moins ne fit-il qu'ensuite quelques observations.

Marier Jacques avait été la première pensée de l'abbé, dès qu'il avait connu son état. Il s'était bien gardé de lui en parler, mais maintenant il le pouvait, il le devait.

— Mon cher enfant, dit-il, j'ai beaucoup pensé à vous depuis quelques mois, à votre salut, vous me comprenez. Je crois avoir trouvé la seule solution possible à votre situation. Vous avez besoin d'affection, même les sens parlent un peu trop chez vous : la retraite, au lieu de vous sauver, a produit un effet néfaste ; au reste, vivre dans le monde sans vous marier, il n'y faut point songer.

— Mais, dit Soran, pour me marier faut-il encore que...

— Mon cher enfant, ne raisonnez pas, je vous en prie ; vous présenterez votre défense tout à l'heure. Laissez-moi vous développer entièrement mon plan. Il est si simple : Je connais beaucoup une vieille famille de la haute bourgeoisie, qui reste non loin d'ici, rue de Lille, et je dois vous y présenter : vous ne pouvez pas me refuser, je suis engagé. Vous ne vous y ennuierez pas, on y fait de très bonne musique. Vous trouverez là assez peu de monde, un monde très gris et très tranquille, et M. et Mme Gouvaut vous plairont je crois. Mais voici, j'arrive au point délicat et intéressant : Mlle Gouvaut, le sauveur auquel j'ai pensé, me paraît en tous points faite pour une si noble mission, dit l'abbé avec un peu d'emphase. L'âme est très belle, et digne de la vôtre, si belle malgré tout, mon cher Jacques. L'intelligence est non seulement supérieure, mais éblouissante ; enfin, c'est une artiste, une grande artiste. Pour le reste, vous verrez.

Jacques, en ce moment, aurait voulu être à cent pieds sous terre. Il ne pouvait attrister l'abbé par un refus, et cependant le mariage lui apparaissait comme une chose formidable. Même, il se demanda s'il ne lui était pas interdit et s'il pourrait jamais aimer, quand son cœur était plein d'un autre amour.

— Mais enfin, dit Jacques, vous savez mon cœur, et vouloir me marier, n'est-ce pas tromper une malheureuse enfant?...

— Mon cher Jacques, j'ai dit souvent aux incrédules : Priez et vous croirez. Je vous dirai à vous avec confiance : Mariez-vous et vous aimerez. Aussi bien, mon cher enfant, croyez-moi, si vous ne voulez pas, vous êtes perdu.

— Vous parlez là avec une bien grande confiance, Monsieur l'abbé, et ce mariage ne dépend pas seulement de nous.

— Ah! dit l'abbé avec joie, vous consentez, vous êtes sauvé!

L'abbé Gratien avait chez les Gouvaut une influence très grande ; il les avait connus à sa petite paroisse, quand il était curé, les Gouvaut possédant à cet endroit un superbe château. Sa grande douceur, son visage triste et pur (tout n'entre-t-il pas dans les sympathies?) lui attirèrent les bonnes grâces de la famille Gouvaut, et il fut bientôt indispensable au château où il allait quelquefois donner des leçons aux enfants au moment des vacances. Les Gouvaut, à une époque où la bourgeoisie domine, avaient de « puissantes relations », et leur protection ne fut pas inutile à l'abbé, quand il fut nommé vicaire à Paris.

L'abbé Gratien se garda bien de laisser partir Jacques; il craignait beaucoup ses réflexions, et ne voulut pas qu'il fût seul avec ses pensées. Il le retint à déjeuner et ensuite, avec une indiscrétion aimante, il proposa une promenade aux environs de Paris. Bref, il ne le quitta pas d'un instant; puis, quand le soir arriva, il prétexta, pour rester avec Jacques, un nouveau morceau à lire au piano, et, une fois chez lui, celui-ci, bon gré, mal gré, dut passer un habit et se laisser emmener.

— Mais, dit Jacques, je ne peux pourtant pas aller dîner chez des gens qui ne m'ont jamais vu...

— Si vous raisonnez, dit l'abbé, nous allons nous fâcher. Je dîne là tous les jeudis, et il est convenu avec Mme Gouvaut que vous venez dîner avec moi ce soir ; soyez tranquille, dit-il avec un sourire, vous serez présenté avant de vous mettre à table.

Jacques le suivit machinalement.

En somme, sa curiosité était éveillée et ce nouvel aspect qui se présentait de sa vie, l'intéressait cependant. Cette jeune fille, dont l'abbé avait fait un éloge si discret et si enthousiaste, l'intriguait beaucoup ; tout en marchant à côté du prêtre qui le laissait à ses réflexions, tranquille maintenant, il cherchait à se la représenter et à la deviner. L'intelligence éblouissante dont avait parlé son ami pouvait exister sans doute, mais peut-être l'abbé Gratien lui-même avait-il été dupe d'une facilité seulement superficielle. Et puis, une Corinne aussi lui faisait peur.

Ce fut encore un monde nouveau qu'il découvrit ce soir-là. M. Gouvaut était un ancien magistrat, riche, ainsi qu'il convient, intelligent et aimable suffisamment. Sa femme semblait une statue de la magistrature, très froide et aux traits durs, quoique réguliers. Ils furent du reste charmants, et Jacques comprit avec quels éloges il avait été annoncé par l'abbé ! Après les présentations de rigueur, on se mit à table dans une salle à manger qui lui rappela trop l'appartement de la rue du Bac, presque oublié maintenant. Quelques personnes seulement, un jeune substitut, bon violoniste, un ancien directeur des contributions et un médecin. Mlle Berthe Gouvaut, qu'il étudia toute la soirée, lui parut « très bien ». Au physique, brune et d'une taille moyenne ; il ne jugea guère de son intelligence devant cette réserve habituelle des jeunes filles, mais il ne put nier qu'elle fût excellente pianiste.

Jacques plut sans doute beaucoup, car il fut invité à venir souvent. Son talent rare de musicien pouvait expliquer ce succès. Quand ils sortirent, l'abbé lui en dit le vrai mot : il avait parlé de lui comme d'un mari probable, et Mme Gouvaut était très satisfaite de l'impression qu'il avait produite.

Dès lors, cédant aux sollicitations de l'abbé, avec quelque confiance aussi, il fréquenta souvent chez les Gouvaut. Dans cette nouvelle période, il vécut une vie végétative et volontairement inconsciente : il ne pensait plus guère, voulant s'abstraire de son esprit si obstinément hanté par de tristes souvenirs ; certains moments, un objet quelconque, un fait futile, par une association d'idées obsédante, lui rappelait Noirchain. Il devenait triste, et se complaisait dans cette tristesse, avec comme un orgueil d'être si malheureux. Est-ce suffisamment dire que, par une sorte de loi d'équilibre, cette volonté si forte d'autrefois s'était annihilée et avec elle cette intuition si aiguë qui, jadis, était presque une divination. Facilement cependant, il vit bientôt que Mlle Gouvaut l'aimait... L'abbé aurait-il raison, était-ce là le Sauveur; Dieu enfin, venait-il à son secours ?

Son existence actuelle était monotone comme toujours, plus monotone peut-être, car moins volontiers maintenant il se livrait à l'étude. Il trouvait dans la musique une grande consolation. Mais, selon cette évolution de sa nature, il négligeait un peu la musique sacrée, trop austère pour son âme endolorie. Chopin, avec sa langue troublante, le séduisait surtout; il passait des heures à lire ces pages passionnées, si empreintes d'un tempérament de femme, œuvre, si l'on veut, d'un esprit androgyne, comme celui qu'il aimait. Cette musique, que quelques natures timorées trouvent trop malsaine pour la permettre aux jeunes filles, eut peut-être sur lui une influence funeste dans sa sensualité si alliciante. C'est sans doute à cette époque que la vie de Soran fut le plus remplie de heurts et de cahots : ses sens, qu'il essaya de vaincre, le dominèrent souvent, et cet homme, extrême en tout (n'est-ce pas ce qui fut sa perte?), eut des accès de perversion affreuse.

Il revenait un soir de la rue de Lille, lorsque, au coin de la rue de Seine et du boulevard Saint-Germain, il fut accosté, comme il est coutume, par une fille. Repoussante, avec son teint d'alcoolique et ses yeux rouges, sans cils, elle était là comme la hideuse incarnation du vice de la rue : si peu semblable à la femme, elle produisit chez ce malade une excitation et un désir étrange, par des promesses de pratiques infâmes : surtout, ce soir-là, Mlle Berthe Gouvaut, plus à l'aise maintenant, s'était montrée très érudite, augmentant ainsi son aversion pour la femme.

Jacques « monta ». Il dut passer pour un « bon client », car il fut très insouciamment généreux.

— Eh bien, qu'est-ce que tu veux faire? dit-elle aimablement.

Et, avec des mots très crus parfois, parfois aussi avec des expressions d'une poésie bizarre, elle lui fit entrevoir des plaisirs spéciaux d'une ingéniosité non éprouvée :

Un raffinement dans les choses naturelles,

d'abord : cela, c'était encore trop la femme ; Soran n'était pas venu dans ce but.

Puis, des caresses, dans lesquelles la femme se faisait oublier, pour ne plus être qu'une abstraction de débauche : elle lui proposa, avec une explicité complaisante, des baisers savants et experts d'une bouche se montrant horriblement édentée et baveuse, avec des lèvres lippues et tombantes, un trou béant enfin, s'offrant à des satisfactions ignobles, instrument d'une honteuse succion.

— Non, pas cela, dit Soran.

Elle eut un sourire d'intelligence, et la femme s'effaça alors complètement pour le simulacre d'une action contraire à la nature, et la jouissance d'une demi-sodomie commençant ainsi, dans un triste apprentissage, la dégradation de celui qui fut Jacques Soran !...

VI

La rue des Prêtres-Saint-Séverin présentait ce jour-là une animation, peu grande cependant, mais suffisante à un quartier aussi tranquille : quelques voitures, arrêtées devant l'église, attiraient l'attention des habitants de cet endroit paisible : un mariage est toujours intéressant et le badaud de Paris ne manque pas, dans cette circonstance, de se livrer à ces études qui en font peut-être le psychologue le plus expérimenté, psychologie peu élevée si l'on veut, mais pratique. Ces trappeurs du boulevard, ou des ruelles, avec un coup d'œil et un flair longuement acquis, devinent, à la démarche ou à la tenue d'un passant, son état, cela est facile, sa fortune, ses habitudes et ses vices. En voyant un convoi, ils lisent sur les visages la tristesse vraie ou feinte et ils pourraient noter les héritiers au passage. C'est le badaud qui, à Paris, rend aux passants une foule de petits services indispensables à la vie de tous les jours : il relève les chevaux tombés, aide les fardiers à démarrer, et s'il entend crier : « Arrêtez-le ! » il empoigne le voleur au collet. Il est capable de dévouement et de cruauté : il saute aux naseaux d'un cheval emporté et se moque de bon cœur d'un amant surpris, s'évadant par une fenêtre. Pour prix de ses services, il demande simplement qu'on lui permette de fouler l'asphalte sans se presser, et de former des rassemblements quand il lui plaît. Et cependant, aujourd'hui, avec toute son habileté, le badaud eût peut-être été impuissant à analyser le mariage qui se célébrait à la petite église Saint-Séverin. Un mariage riche ? Ceux-là choisissent généralement des paroisses plus brillantes, la Madeleine ou Saint-Thomas d'Aquin : cependant, des gens « très bien » descendaient des voitures, décorés, avec l'aisance de tenir de peu loin au gouvernement.

Placés pour bien voir, les badauds commençaient leurs observations : « Voici le père de la mariée, » disaient-ils, ou bien : « Celui-là est un vieil ami de la famille. » Dans de pareilles circonstances, les acteurs de ces petites scènes (le badaud est le spectateur de ces spectacles gratuits) éveillent chez ceux-ci des sympathies ou des répulsions : la mariée, dans sa citadelle de tulle, fut trouvée très convenable, car c'est elle que l'on cherche d'abord. Elle descendait de voiture et prit le bras d'un monsieur décoré, son père, sans nul doute. Le marié intrigua davantage : son air de grand seigneur, une redingote bleue et un pantalon gris, témoignant, par cette tenue d'une suprême élégance, de l'horreur de l'habit noir, intéressa vivement. Ici, la perspicacité du badaud fut en défaut ; on crut à quelque prince d'un pays lointain...

La vieille église n'avait pas un air de fête ;

une foule nombreuse n'était pas réunie dans la nef ;

les grandes orgues ne lançaient pas sous les voûtes la coruscation éblouissante des hymnes ;

le prêtre n'avait pas revêtu la chasuble lamée d'or et les diacres ne resplendissaient pas sous les dalmatiques tissées d'argent ;

le maître-autel ne surgissait pas triomphant au milieu des lumières, mais il semblait un triste mausolée sous l'obscur silence de l'abandon ;

auprès d'un pilier, non loin de la porte, quelque malheureux montrait des guenilles très sales.

Dans ce grand vide nu, le bruit des pas résonnait tristement. Parfois, comme de très loin, les cloches envoyaient leurs arpèges presque éteints. Dans une chapelle latérale très pauvre et très intime, un prêtre disait une messe basse et les rares personnes, descendues tout à l'heure de voiture, étaient là, agenouillées. Les fiancés contemplaient ce mystère de la messe, symbole de ce grand mystère que tout à l'heure ils auraient le droit, après quelques mots du prêtre, de célébrer entre eux. La femme, immobile sous son voile, pleurait peut-être, peut-être aussi, inconsciente de cet acte, s'abandonnait-elle à de vagues espérances ou à de tristes pressentiments. L'homme, abîmé dans une très ardente prière, semblait accablé d'une lourde émotion.

Le prêtre ne prononça pas une allocution, il n'adressa pas aux jeunes époux quelques paroles. Très simplement il les unit et lui-même sembla troublé par cet acte suprême de son ministère. La messe s'acheva, silencieuse, faisant entendre seulement parfois quelques répons dits un peu plus haut...

Jacques Soran était marié...

Certes, en ce moment, il aimait sa femme de toute son âme et il avait juré tout à l'heure, dans un renoncement à toutes ses erreurs passées, de l'entourer d'un bonheur parfait. Oubliant cette surexcitation de son esprit avec une docilité absolue aux conseils incessants de l'abbé Gratien, il fut sincère. Combien il était heureux maintenant! combien il fut heureux ce jour-là!

Mlle Berthe Gouvaut, au moment où son cœur était rempli de cet Être sublime, lui avait semblé très insignifiante, type ordinaire de la médiocrité féminine : prétentieuse un peu, prétendant s'élever beaucoup. Ils causèrent souvent ; assez perspicace, comme il est commun aux femmes, elle pressentit la grandeur de Soran : elle voulut être profonde, elle fut ennuyeuse suffisamment : il se rappelait alors le mystérieux enjouement de Celle qu'il aimait ou de Celui, plutôt, qui avait traversé sa vie, l'abandonnant désespéré. Quelquefois, dans ce salon de la rue de Lille, lorsqu'il venait, fiancé maintenant, ils se trouvaient seuls.

Mlle Berthe Gouvaut, très éprise, l'admirant naïvement de très loin, voulait rapprocher leurs cœurs, elle voulait le conquérir. Il sentait ses efforts, et tout autre que Soran eût été fier et heureux.

Parfois, il se faisait illusion et soudain un seul mot le replongeait dans la tristesse : il se décourageait de l'aimer, et pourtant il le fallait, puisque là était le salut.

Il y eut alors une double lutte, la lutte de Soran contre lui-même et contre elle. Il pourrait sembler bizarre qu'il s'y fût exposé, mais l'abbé Gratien n'avait-il pas pris dans cet esprit la puissance que cet esprit avait perdue sur lui-même. Une grande nonchalance et une grande faiblesse, à ce moment, décida donc de la vie de Jacques et de celle de Berthe Gouvaut. Par des suggestions de tous les instants, par des supercheries louables, l'abbé Gratien arriva à son but. Un jour Jacques éprouva une moins grande aversion pour Berthe : un peu de vanité aussi, ces témoignages d'admiration d'une jeune fille le circonvinrent.

L'abbé était presque parvenu à chasser des souvenirs de Jacques l'image néfaste : son cœur, momentanément plus libre, ne put rester vide, Berthe y entra. Maintenant, ne comparant plus, il la trouva intéressante dans ses tâtonnements d'enfant, dans sa bonne volonté de fiancée voulant se rendre digne d'être aimée. Entrevit-il quelque lueur dans cet esprit mal débrouillé ? Espéra-t-il que dans un patient façonnement il le formerait à l'image du sien ?

Dès lors Berthe remarqua un changement

dans l'attitude de Jacques; il fut aimable (il l'avait toujours été), mais plus particulièrement.

Un jour enfin, très sincère, il l'aima, d'un amour bien autre que celui qu'il avait éprouvé, mais assez fort, pensa-t-il, pour l'effacer. Le mariage alors se fit tout de suite.

Jacques le voulut très simple, dans cette petite église écartée, et l'abbé Gratien dit l'office. Ce fut un jour de vrai bonheur... Le soir, quand ils furent seuls, dans l'appartement de la rue des Prêtres-Saint-Séverin, Jacques retrouva des douceurs et des caresses exquises et adroites et habiles, dans ce douloureux début d'une communion parfaite. Il fut encore heureux, ce moment-là, soit du bonheur qu'il donnait, au travers de tant de souffrance, soit plutôt que cet acte, dans sa légitimité et sa légalité, le grandît à ses propres yeux et le réhabilitât devant lui-même.

Dans ce nouvel arrangement de son existence, il ne faisait plus de projets, il n'avait plus de longues pensées : il vivrait, sans se regarder vivre, et cela ne valait-il pas mieux ainsi? Il ne songeait plus, maintenant, cependant que cette solitude n'eût plus été seule, à la solitude. N'était-il donc pas satisfait d'avoir auprès de lui un être à aimer? n'a-t-on pas dit qu'il l'aimait?

Tout cela est vrai, et sans de précieuses analyses, il est permis de supposer que Jacques, à ce moment, entrevit peut-être le bonheur, dans le pis-aller qu'était cette nouvelle situation. Lui-même, plus tard, lorsqu'il retourna à son premier état d'esprit, cet homme qui devait évoluer sans cesse, pensa toujours qu'à cette époque il s'était senti soumis à une influence inexplicable, attiré vers le mariage comme vers un abîme, dans une sorte de vertige...

Quelques jours après, comme il convient, Jacques partit avec sa femme pour ce qu'on appelle le voyage de noces. Les jeunes mariés ont accoutumé d'aller ainsi cacher leur bonheur dans quelque chambre d'hôtel étranger, très peu confortable, dans un mauvais lit ; les Gouvaut n'auraient pas souffert que leur fille dérogeât à cet usage. *Usage, déroger, tradition, le monde,* étaient le vocabulaire habituel de gens qu'il eût été ennuyeux de peindre avec plus de détails.

Jacques alla dans un pays quelconque, en Suisse ou en Italie, ou ailleurs, et il revint à Paris. Il était toujours très heureux, du moins se le répétait-il. Il allait quelquefois dîner dans la famille de sa femme, allait au spectacle avec sa femme, et rentrait se coucher avec sa femme.

Il allait au spectacle le moins possible, chez les parents de sa femme très rarement, mais tous les soirs il retrouvait des caresses très légitimes, ainsi qu'il était de son devoir aujourd'hui.

Jacques fut un bon mari.

VII

La vie de Jacques Soran s'arrête ici, par une rémission des faits et des pensées.

Dans cette période, qui dura à peu près la première année de son mariage, son esprit, qui jusque-là avait été torturé sans cesse et bouleversé, resta stationnaire, ou plutôt subit une évolution si lente et si inaperçue qu'elle ne put troubler son bonheur : sa femme était une « femme comme toutes les femmes ». A-t-on dit qu'elle était brune et qu'elle se nommait Berthe Gouvaut ? Plus tard, Soran devait se rappeler ce détail, vaguement : il devait aussi, vaguement, se souvenir qu'elle était très bonne pianiste : il ne lui revint jamais à l'idée qu'elle fût musicienne. Elle aimait également beaucoup les vers ; il n'eut jamais la remembrance qu'elle fût accessible à la poésie : presque involontairement, un jour qu'il se souvenait (cet homme qui devait s'efforcer d'oublier), il lui lut quelques vers des *Romances sans paroles,* ceux peut-être où s'empreint le plus poignamment la douleur et l'affre du souvenir : elle eut une bonne pensée et sachant son admiration : « Oh ! que c'est joli ! » dit-elle...

Il en souffrit beaucoup...

Jacques Soran avait une idée très haute, cela le distrayait un peu, de ses devoirs de mari. Si près (il ne voulait jamais y penser) de vivre en dehors de tous les devoirs, il agissait suivant les règles et suivant les obligations accoutumées. A-t-on dit que tous les soirs, ponctuellement, il se couchait auprès de sa femme ? Il faisait ainsi puisqu'il était marié. Pourquoi s'était-il marié ? On a peut-être compris qu'il lui eût été très difficile de répondre : il s'était remis entre les mains de l'abbé Gratien et il avait obéi. Il avait pour Berthe Gouvaut toutes les attentions et toutes les caresses requises en l'état d'union conjugale : se conformant en tout aux règles de la stricte morale.

S'étonnera-t-on que dans l'accomplissement de ses devoirs il n'eut jamais la pensée d'une déviation troublante, d'une exagération ou d'un égarement interdit des baisers ?

N'est-ce pas là la preuve que la sodomie (il faut dire le mot) qui couvait chez Soran eut une origine captieuse, tout intellectuelle et toute pure, et que des actes insolites, sur cette femme si différente de lui, lui eussent répugné, puisque celle-ci ne peut exister qu'entre des êtres semblables.

Berthe Gouvaut, sa femme, avec une ardeur assez grande de brune, avait l'imagination trop pure pour prendre l'initiative de caresses inconnues qui, sans doute, ne lui eussent pas déplu.

Très prudent contre lui-même, Soran se trouvait rarement seul, sachant combien la solitude pouvait lui être funeste. Un soir, par hasard, il traversait les Champs-Élysées, revenant lentement chez lui.

A ce moment, il était à peine dix heures, cet endroit présente un aspect spécial. Çà et là, quelques cafés-concerts jettent un peu de lumière et de bruit, et, tout proche, l'obscurité et le silence est presque complet. Jacques marchait sans regarder autour de lui, et sans penser peut-être, lorsqu'il fut frôlé légèrement par un passant. Il n'y prêta pas d'attention, croyant à quelque négligence, quand, un peu plus loin, il rencontra ce même individu qu'il avait machinalement regardé tout à l'heure. Son extérieur frappa Soran : les cheveux frisés, le teint fardé, le cou nu, la taille serrée, les hanches saillantes, il jetait à Jacques un coup d'œil efféminé qui lui parut bizarre. La main dans la poche, le bras tremblotant, agité d'un honteux mouvement de va-et-vient, il bossuait son vêtement, dans une provocation qui ne put échapper à Jacques, et comme un succube infâme il proposait nettement son corps de fille pour des satisfactions monstrueuses. Jacques Soran eut un frémissement, presque un blasphème devant cet acharnement des circonstances et du sort. Elle était encore sous ses yeux, la gigantesque tentation, cette Sodomie protéenne qui s'était montrée à lui sous des formes si multiples :

Il se rappela Giraud dont les enfantillages déjà mûrs avaient peut-être semé en lui les germes d'une maladie qu'il sentait évoluer. Ensuite, c'avait été dans cette retraite où il se croyait à l'abri, l'apparition... Jacques eut la force de chasser cette image de sa pensée : il revit encore sa première chute, plus tard, avant-goût de jouissances qui s'offraient en ce moment, complètes et entières. La curiosité, du moins s'excusa-t-il par ce sentiment, le retint quand il aurait dû fuir. L'individu aux allures mixtes vit dans cette attitude un encouragement tacite, seul langage que parlent entre eux ces êtres d'un sexe bizarre. Il se rapprocha de Soran et lui dit une phrase banale comme pour « faire connaissance ». Jacques répondit par monosyllabes, mais répondit : c'était trop. Avec le désir d'apprendre des choses, il causa et les paroles du prostitué l'agitèrent étrangement.

Perspicace, celui-ci devina un timide, un « débutant »; avec adresse, il répondit par avance aux objections qu'il pouvait craindre, sans précision, se retranchant, devant toute éventualité, dans des phrases très vagues, compréhensibles pour les seuls initiés : Jacques comprit.

Le raccrocheur devint plus explicite :

Il n'y avait aucun danger : là, sur un banc, derrière le café des Ambassadeurs, auprès de *l'arbre d'Amour*, on était tranquille; la police même faisait un détour dans ses rondes, pour ne pas surprendre les gens haut placés, qui y fréquentent habituellement : et, avec une complaisance intéressée, il montra à Jacques un vieux monsieur, se dissimulant et attendant. « Il est officier de la Légion d'honneur, dit-il, mais il retire sa rosette pour venir ici. » Jacques écoutait avec un plaisir malsain.

— Et, dit-il négligemment, vous ne venez qu'ici?

— C'est ici que la place est préférable ; néanmoins, je vais quelquefois aux alentours du Grand-Hôtel, le quartier est assez bon à cause des riches étrangers, ou au Palais-Royal, ou encore aux Tuileries.

— Et, insista Jacques, vous avez beaucoup d'habitués?

— Sans doute, dit celui-ci. Puis, comme pour le lui prouver, fatigué aussi d'une conversation inutile, il fit mine de s'éloigner.

Jacques sentit alors des désirs d'une rigidité insurmontable l'empoigner violemment :

— Ne connaissez-vous pas un lieu moins dangereux? dit-il.

L'homme eut un sourire de satisfaction, il avait atteint son but. Ils s'en allèrent tous deux par des rues tranquilles, Jacques rougissant comme s'il avait peur d'être surpris dans un tel commerce, et ils arrivèrent non loin de la rue La Boétie, devant une maison de bonne apparence.

— C'est ici, dit le succube. Il frappa quelques coups à la porte et toussa légèrement... Une grosse femme les reçut très aimablement et, après quelques mots d'un argot que Jacques ne put comprendre, ils entrèrent dans une pièce très luxueuse. Jacques maintenant aurait voulu s'en aller; il n'osait...

Des rideaux, très raides, de velours rouge cachaient les fenêtres, et aucun bruit ne pénétrait ici. Tout autour de la pièce, des divans couverts de coussins.

Pêle-mêle, sur une table, Jacques distingua des costumes de religieuse, des corsets, des pantalons de femme, des plumes de paon, des morceaux de bois ithyphalliques; dans un coin, un mannequin; un chien de forte taille, l'air abruti, sauta d'une chaise longue et vint caresser Soran; sur les murs, des gravures où une sale imagination montrait des hommes dans des poses étranges et dans les contorsions d'un éréthisme s'assouvissant monstrueusement.

Jacques était mal à l'aise et, lorsque son hideux menin se vautra sur un sofa pour une passiveté éhontée, Jacques Soran eut enfin un mouvement de dégoût terrible, et cet être immonde, innommable dans aucun langage, l'écœura.

...Dans ce suprême instant, il revit tout le passé, et ce passé qui avait failli le perdre le sauva d'une ignoble souillure. En un instant, il pensa à son enfance si pieuse et si pure, à ces sublimes aspirations qui l'avaient mis, un temps, au-dessus de l'homme, et rougissant d'être tombé de si haut, aussi bas, il s'enfuit...

VIII

Cette aventure qui aurait pu être si dangereuse à Soran eut, pour un temps, une salutaire influence sur sa vie. Chez cet homme étrange, les événements produisirent sans cesse des effets qui peut-être eussent étonné et qu'on eût trouvés insolites. A bien considérer les choses, ils doivent sembler naturels; des causes exagérées n'ont-elles pas des résultats contraires à leurs fins?

Dans le principe, un orgueil trop haut, des aspirations trop élevées pensèrent le faire tomber très bas et des dangers extrêmes, auxquels il échappa par bonheur, lui donnèrent un regain de force, une surexcitation de l'énergie. L'aspect sale du vice l'empêcha de succomber au même vice entrevu séduisant.

Cette dernière nuit, lorsque, en rentrant chez lui, il vit sa femme en pleurs, il eut un remords d'une faute que, seulement, il avait failli commettre. Il fut aimant plus que jamais et trouva des caresses, cet homme plein de caresses, qui chassèrent de l'esprit de Berthe Gouvaut les premières tristesses si ténues et si amères. Il eut, dans son besoin de se ressaisir lui-même, des mots vrais, qui furent pour tous deux l'affirmation d'un bonheur irrévocable. La tranquillité et le calme revint alors, absolu. Dans une continuelle tromperie de lui-même, il aima sa femme et le lui prouva.

L'abbé Gratien souvent l'encourageait et le soutenait, à qui il devait ses espérances de salut, et auquel il n'avoua pas (combien il avait changé!) cet écueil qu'il avait rencontré par sa faute. C'est à ce moment que, dans le désœuvrement uni d'un bonheur monotone, il voulut se remettre à l'étude. Il conçut une œuvre formidable, expression de toutes ses idées, produit aussi de ses douloureuses expériences sur lui-même. Ce devait être, dans ses projets, la formule immuable et complète de la science de l'homme; partant de considérations transcendantales en s'appuyant dans la réalisation sur les faits les plus infimes, il devait arriver à des conclusions d'une vérité absolue. Dans un patient labeur, il avait acquis les connaissances les plus anciennes mais jamais accrues, puisque, apparemment, le dernier mot fut dit de tout temps, et que quelques hommes à l'inspiration divine se transmirent symboliquement dissimulées sous des dehors ardus et décourageants aux foules : il ne pouvait espérer étendre la sublime science dans ses principes fondamentaux ; pouvait-elle faire un progrès depuis Pythagore et Platon, depuis même les Égyptiens primitifs ? Il ne le pensait pas, mais il voulait la rendre plus contingente, non à tous, ce qui serait contraire à son essence, mais à lui-même.

Il se plongea avec acharnement dans ces sciences maudites, inaccessibles au vulgaire dans leur conception la plus élevée et que ce même vulgaire a souillées par un emploi sacrilège et ignorant. Ces sciences qu'on pourrait dire accessoires de la grande science, il les possédait aujourd'hui et les cultivait encore avec fruit. C'est l'astrologie, ce seuil de la cabale, son truchement si l'on veut ; c'est des sciences plus récentes au moins dans leurs détails, la chiromancie, cette lecture des signes célestes dans la main; c'est la graphologie qui découvre dans l'écriture une double manifestation de la pensée. La haute science, il l'avait puisée dans les ouvrages les plus anciens et dans les documents du moyen âge. Il la retrouva encore dans l'*Enfer* du Dante et dans Rabelais. Une page surtout du *Pantagruel* l'avait frappé : cette congélation de paroles dans l'air était sans doute le symbole de la lumière astrale des cabalistes modernes dans laquelle sont écrites toutes les pensées humaines, lisibles seulement pour quelques élus. Quant aux sciences accessoires, leur développement n'était pas complet; il pouvait espérer les rendre plus précises et moins empiriques et raisonner leurs manifestations. Les signes de la graphologie, par exemple, sont constants et peuvent se vérifier sur les caractères de quelque langue que ce soit. Mais le tâtonnement seul les a révélés. Il voulait saisir les intermédiaires entre ces signes et les pensées qu'ils représentent. Il voulait se rendre un compte exact de l'action des astres sur les lignes de la main et, puisque déjà la chiromancie et la graphologie sont étroitement liées, les réunir à l'astrologie pour former une science unique, une science expérimentale de l'homme, vérification et complément de la grande cabale.

Il retrouva donc, après tant d'orages, un peu de ce calme dont il avait joui à Noirchain, et il put se croire sauvé pour n'avoir pas succombé à cette dernière tentation...

Il vécut parallèlement à sa femme, parfait toujours pour elle, selon les devoirs. Quelquefois, lui procurant des plaisirs ennuyeux pour lui, ainsi qu'il est requis chez un mari, il l'accompagnait dans le monde : elle y plaisait beaucoup. Il dut supporter aussi d'assister à des spectacles insipides, il dut aller avec elle dans des théâtres : il vit des représentations où le succès d'une pièce se décide, et ces *premières*, où il retrouvait toujours le même public, l'ennuyèrent invariablement. Il recherchait plutôt les hippodromes et les cirques. Tantôt, c'étaient des dompteurs de fauves qui lui rappelaient que les anciens Assyriens possédaient le secret, perdu aujourd'hui, d'en faire des animaux soumis et inoffensifs ; ou bien, des gymnasiarques montraient leur corps parfait et charmeur sous des lumières étincelantes ; il les préférait beaucoup à ces acteurs, grotesques dans leur prétention et dans leurs représentations d'inepties à la mode.

... Il y avait un an que Jacques était marié et pas une fois, durant ce long temps, la perfection de son attitude envers sa femme ne fut altérée. A celle-ci, au reste, il n'avait aucun reproche à faire et elle aurait dû donner le bonheur à un homme qui eût pu être heureux. Parfois, dans son ignorance du cœur de Soran, elle pouvait croire à son succès ; mais soudain, sans qu'elle pût s'expliquer pourquoi, il devenait triste et un nuage semblait voiler ses yeux. Berthe Gouvaut, si près de l'instinct, comme toutes les femmes, sentit qu'il y avait entre elle et Jacques quelque chose d'inconnu et d'invisible, comme une barrière infranchissable entre leurs âmes... Les premiers temps, elle se résigna. Peu à peu la femme apparut et, avec elle, toutes les adresses et tous les pièges pour conquérir un homme. Elle comprit presque, ou tout au moins entrevit-elle très vaguement, qu'elle luttait peut-être contre une rivale idéale et elle voulut devenir la plus forte.

Dans une intuition assez grande, elle essaya de se la représenter et de la deviner. Elle se la figurait avec une intelligence superbement illuminée et infaillible. Admirant Soran comme on admire ce que l'on comprend mal, elle pensait que, seule, une femme plus élevée que toutes les autres pouvait obtenir son amour. Elle voulut s'élever au-dessus d'elle-même. Les travaux de Jacques l'intriguèrent beaucoup. Penché sur des livres aux titres incompréhensibles, elle le regardait quelquefois, terrifiée, et il produisait sur elle cette impression effrayante d'un alchimiste acharné à la recherche du Grand Œuvre.

Un rare moment que Jacques était absent, la malheureuse enfant voulut pénétrer les secrets de ce magicien et, avec une curiosité tremblante comme si elle craignait de se brûler aux feux de fourneaux éblouissants, elle feuilleta un manuscrit de Jacques, et lut cette page :

..... L'âme, par une inaccessible volonté, se détachera du corps et le dominera et se dégagera des replis du serpent tentateur.

Les anciennes magies l'ont connu et figuré :

C'est le serpent de la Genèse et celui du caducée, c'est la tentation voisine de l'arbre de la science du bien et du mal qui pousse à en cueillir les fruits. C'est le serpent qui tenta le Christ et que celui-ci fit ramper à ses pieds; c'est la force que les âmes doivent vaincre et qui les empêcherait de s'approcher de Dieu si elles voulaient trop s'en approcher. C'est le serpent aux enroulements souples et aux enlacements qui étouffent, c'est l'ennemi enfin de l'homme, bifide et perfide. L'œuvre magique doit lui écraser la tête.

PRIÈRE.

Seigneur, Seigneur Dieu, vous qui êtes l'Alpha et l'Oméga, la tête et la queue, et qui avez permis que le démon soit, vous m'avez tenté, et vous avez créé pour moi un être séduisant, androgyne comme le mal, et vous m'avez éprouvé; j'ai failli succomber parce que je me suis cru trop fort, mais faites que je sois fort maintenant puisque j'ai compris ma faiblesse.

Berthe Gouvaut fut atterrée... Dans cette obscure cryptographie, au travers de ces hiéroglyphes symboliques, elle devina presque la vérité. Ainsi donc, son mari avait aimé et aimait peut-être encore un autre être qu'elle. En tous cas, s'il l'aimait elle-même, il luttait contre un amour pourtant légitime et cette découverte passa son imagination. En un moment, apparut devant elle toute une vie malheureuse et, ne trouvant pas le remède à son malheur, elle fondit en larmes...

Jacques rentrait à ce moment. Il la vit abîmée dans un fauteuil, quelques pages du manuscrit fatal à la main, et il comprit tout. Il trouva des accents d'une douceur infinie et des paroles d'espérance et de consolation pour cette victime de son orgueil. Il s'élança vers elle, la caressa, et l'appela d'une voix que sa volonté, en ce moment, sut rendre enchanteresse.

— Berthe, mon amie, ma chère âme, imprudente enfant, que pleurez-vous, et ne vous aimé-je pas plus que moi-même?

Avec un sourire d'une tristesse mortelle, comme une pauvre désabusée :

— Vous ne m'aimez pas, je ne suis pas digne de vous.

Il l'avait prise dans ses bras et emportée sur

un divan. Ses longs cheveux noirs épars sur un peignoir rouge et ses yeux humides de larmes, ses seins soulevés par l'émotion, la faisaient belle en ce moment et Jacques fut sincère lorsque pour faire oublier son imprudence, il égara ses mains et ses baisers dans des caresses folles et qu'il voulut consoler cette âme, en en charmant le corps. Elle s'abandonna inerte.

Peu à peu, sous ces blandices troublantes, ses sens s'animèrent et elle écouta la voix pénétrante de Jacques.

— Oh! pourquoi, disait-il, avoir voulu vous forger vous-même votre propre malheur dans des imaginations fausses et pourquoi avoir voulu pénétrer des secrets qui ne sont pas à nous, que vous avez mal compris?

Elle lui montra cette page cause de ses pleurs.

Avec une habileté convaincante, Jacques persuada à celle qui ne demandait qu'à croire que ses craintes étaient chimériques et que ces lignes qui l'avaient alarm.... taient que des symboles et l'expression de pures pensées.

— Ne comprenez-vous pas, dit-il, que cet androgyne c'est le mal sous toutes ces formes, la grande tentation que vous aussi, peut-être, vous rencontrerez, et à laquelle j'ai résisté puisque je n'ai jamais cessé de vous aimer.

Jacques était si beau et sa voix si douce qu'elle crut et se livra à l'espérance.

Une fois encore, le bonheur rentra dans cette maison.

Les mauvais jours étaient oubliés, lorsqu'un matin, Jacques Soran, après une nuit d'insomnie nerveuse, sortit et rentra très triste.

Depuis ce moment, elle remarqua avec chagrin que son mari, qui ne la quittait jamais, s'en allait souvent et que ses absences étaient longues.

IX

L'on comprendra que la vie de Jacques Soran fut de nouveau bouleversée, mais à jamais cette fois, lorsque, ce jour qu'il était allé au Hammam, il reconnut, dans une ravissante apparition, le portrait d'un être qu'il aimait encore, doit-on dire plus que jamais. C'était le même corps dont il avait senti le contact sur son propre corps, mais d'un sexe défini celui-là, du même sexe que lui, hélas! et, dans cet instant de lutte surhumaine, il fut vaincu et il voulut ce corps, qui ranimait chez lui des désirs inassouvis. Il le lui fallait maintenant dans une union intime et complète; la Grande Pédérastie enfin, cet amour absolu d'un enfant, se dressait devant lui, tentatrice inéluctable.

Dans ce Hammam, lieu diabolique où il avait

fallu qu'il se montrât nu, comme pour mieux le séduire, Jacques fut sur le point, dans un satyriasis insurmontable, de se jeter sur lui, de lui arracher le voile qui le cachait à demi, et de repaître ses yeux de cette virilité qui l'avait fait fuir autrefois et qu'il aimait maintenant dans l'explosion d'un vice couvant depuis si longtemps.

La corruption, très lentement, avait ravagé son cœur, ayant sournoisement débuté sous les apparences d'une amitié platonique, irréalisable chez un homme aussi ardent. Son mariage, même, loin de le sauver, l'avait perdu plus complètement et l'horreur de la femme qu'il ne s'était pas avouée, la cachant sous le simulacre d'un amour artificiel, était évidente aujourd'hui.

Il revint souvent au Hammam, sans succès. Dès lors, son attitude envers Berthe Gouvaut changea complètement et il ne dissimula plus son indifférence. Il rentrait généralement sombre; quelquefois, les yeux illuminés d'une joie étrange, lorsqu'il avait quelque espoir de le revoir. On lui avait dit, en effet, aux Bains, que ce jeune homme y venait souvent et que, voyageant sans doute en ce moment, il reprendrait à son retour ses habitudes régulières.

Jacques, un jour, se promenait au Louvre,

songeant devant les toiles sans les voir, lorsqu'il l'aperçut rêveur lui aussi, pensant peut-être à quelque amour de jeune homme. A cette idée, son cœur se serra, et Jacques, si timide autrefois, s'approcha résolu.

Quelques paroles vulgaires, comme en pareille circonstance, furent naturelles à deux artistes se rencontrant devant une belle œuvre, et, dans cette salle des Primitifs, ils causèrent longuement. Soran, par des questions et des objections, se plaisait à le faire parler, et il jouissait de cette voix mal assurée d'enfant, et de ce regard qu'il osait à peine regarder, dans la crainte de se trahir.

... Il s'appelait Henri Laus : il avait dix-sept ans, et il était orphelin. Avec la confiance d'un enfant et l'admiration qui s'impose à cet âge pour un homme de trente ans, beau et séduisant, il se livra tout de suite entièrement. Ils sortirent ensemble et Jacques le quitta avec la promesse de le revoir souvent.

Il rentra joyeux.

Il faut maintenant que Berthe Gouvaut disparaisse comme elle disparut de son cœur et de son esprit. Il s'occupa peu d'elle, ne trouvant à son égard que des paroles indifférentes et quelconques. Dès le lendemain, il sortit souvent, restant longtemps hors de chez lui. Il courait jusque chez Henri, et il entreprit avec amour de le conquérir. Un jour il annonça à sa femme qu'il ne dînerait pas chez lui et rentrerait tard. Elle entendit, résignée. Il passa la soirée avec Laus et l'on devine son ravissement quand il retrouva chez celui-ci joint à ce corps merveilleux un esprit sublime qui acheva de l'éprendre entièrement. C'était la même simplicité et le même abandon; c'était la même grâce et la même beauté qui lui étaient apparues à Noirchain chez cet Être insaisissable... Avec un subterfuge, moyen rapide de prendre quelques privautés à l'allure très pure, il raconta à Henri qu'il était le portrait vivant d'un jeune frère qu'il avait chéri et qu'il avait perdu. Depuis, chaque fois qu'il le revoyait, il le baisait au front. Henri Laus, ayant, comme Soran autrefois, besoin d'affection et d'amitié, sans famille, trouvait ces épanchements très doux. Ils passaient ensemble de longs moments et bientôt Jacques devint furieusement épris...

Un matin, il amena chez lui Henri Laus et le présenta à sa femme. En voyant ce jeune homme plus beau qu'elle, s'appuyant familialement au bras de Soran, elle fut polie, mais éprouva pour lui une invincible répulsion :

bien loin de soupçonner cependant la vérité, elle ne put analyser son impression, et même elle la chassa bien vite devant la grâce respectueuse de Henri Laus. L'on déjeuna, Soran très gai, sa femme contrainte, Henri heureux de la gaîté de son ami. En se levant de table, Jacques inventa une visite et ils sortirent tous deux. Sans avoir prévenu, il ne dîna pas avec sa femme et rentra après minuit.

C'est vers ce moment que, l'aberration de Jacques ayant presque atteint son apogée, il commença à trouver désagréable le contact du corps de Berthe Gouvaut dans le lit commun. Les plus petits détails, si exquis, de ce commerce intime avec la femme, lui devinrent à charge. Tantôt c'étaient ses cheveux, ses beaux cheveux noirs, qu'il avait toujours voulu voir épars, dans le lit, qui lui agaçaient désagréablement le visage. C'étaient encore ces inconvénients qui font la femme régulièrement malade, et veulent des précautions d'une vulgarité charmante : tout cela lui devint bientôt insupportable, et, sous le prétexte que, travaillant très tard dans la nuit, il la dérangeait en venant se coucher auprès d'elle, il sépara leur lit.

Berthe Gouvaut comprit qu'elle n'était plus aimée.

Henri Laus était très bon musicien, et il fut vraisemblable que, pour cette raison, il vînt tous les soirs chez Jacques. Et elle dut endurer ce supplice de s'asseoir souvent au piano à côté de celui qui lui ravissait son mari.

Ils s'en étaient allés à jamais les jours de calme, et Jacques maintenant vivait dans une lutte continuelle, dans des heurts de crainte et d'espérance. Les remords, quelquefois, parlaient très haut en lui, mais peu à peu il les domina, et il s'avoua brutalement ses désirs. Il n'aimait pas sa femme, il ne l'avait jamais aimée. Il aimait Henri Laus, et il ne pouvait lui avouer cet amour. Dès lors, il évita l'abbé Gratien et celui-ci, ne pouvant plus s'introduire dans une conscience dont il avait retardé l'abaissement, se tint à l'écart. Par une compensation nécessaire sans doute à l'équilibre universel, la piété de Berthe Gouvaut s'affina et devint plus intense; elle fréquenta souvent avec le prêtre. Déprimée jusqu'à en mourir, elle trouva dans la religion le seul secours qu'elle pût espérer. L'abbé Gratien reporta sur cette malheureuse femme un peu de la pure affection qu'il avait pour Jacques, et il la soutint dans cette crise douloureuse.

Henri Laus habitait, sur le quai Voltaire, un

petit appartement où Soran venait souvent. Un jour, Jacques sonna : il entendit un bruit de voix, mais la porte resta fermée. Il ne se nomma pas, et il s'en alla désespéré. Quand il y retourna, il ne fit pas allusion à sa dernière visite, et il remarqua avec tristesse un colifichet féminin oublié sur un fauteuil. La jalousie cuisante entra dans son cœur. Maintenant il quittait à peine Laus qu'il revenait aussitôt auprès de lui, trouvant chaque fois des prétextes pour ne pas le laisser seul. Il eut l'idée de l'associer à ses grands travaux dans une collaboration de tous les instants, et il vit avec bonheur que Henri, déjà initié par la disposition mystique de son esprit, prenait goût à ces études, et paraissait fier de cette coopération.

Un matin, Laus ne vint pas au rendez-vous qu'il avait donné à Jacques. Avec un sinistre pressentiment, Soran s'alla cacher sous une porte et, comme il eut fait une maîtresse, il épia patiemment son ami...

Bientôt, il le vit sortir, ayant à son bras une femme ; ainsi qu'un pauvre amant trompé, il pensa fondre en larmes, lui, l'homme fort d'autrefois, et il les suivit. Henri Laus entra dans un bureau de poste, et elle l'attendit. Rapidement Jacques passa auprès d'elle, la vit hélas !

très belle, et leurs regards se rencontrèrent... Dans ce choc, elle baissa les yeux, comme dominée par cet inconnu.

Quand Laus sortit, Jacques était à sa place d'espion, derrière eux, assez loin.

Ils marchaient lentement, et ils entrèrent tous deux dans une maison de la rue de Seine, demeure probable de la femme.

Très aisément Jacques apprit du concierge les détails de cette liaison : elle était toute récente et Laus, actuellement le seul amant de cette femme, autant qu'il était permis de le croire, en paraissait très épris. Jacques dut passer, lui aussi, pour un amoureux auprès du portier et il se ménagea ses bonnes grâces par sa générosité.

En arrivant chez lui, il trouva une dépêche d'Henri. Celui-ci excusait son inexactitude par un mensonge bien innocent, comme on cache une fredaine à un frère aîné.

— M. Laus n'est donc pas venu ce matin, dit Berthe : serait-il malade ?

— Précisément, répondit brusquement Jacques. Je crains que ce ne soit grave, dit-il, imaginant ce motif pour ressortir encore.

Berthe alors sanglota et se jeta à son cou. Elle le supplia de rester un peu auprès d'elle et, avec des accents déchirants, elle lui montra son cœur meurtri et sa vie brisée au moment où le bonheur aurait dû commencer pour elle. Le désespoir qu'elle avait courageusement contenu jusqu'ici éclata enfin et elle se roula à ses pieds. Jacques fut cruel et mérita en ce moment le malheur qui devait l'accabler plus tard. Il trouva quelques mots à peine pour cette innocente et il sortit. Il alla chez Laus, dissimula ses émotions, le gourmanda doucement et l'envoya à la Bibliothèque nationale chercher des renseignements très longs à recueillir.

Il l'accompagna jusqu'à la porte, s'assura qu'il entrait, et s'en fut rue de Seine, mûrissant d'odieux projets.

X

Le concierge lui adressa un sourire respectueusement familier.

— Vous pouvez monter : elle est là : troisième porte à gauche...

Une bonne ouvrit à Jacques.

— C'est bien ici Mlle Mélanie ?

— Est-ce que vous êtes attendu ? demanda celle-ci en l'introduisant dans la salle à manger.

— Dites-lui, fit Jacques, que je suis la personne qu'elle a vue devant le bureau de poste.

— Je vais voir si madame est seule.

Jacques attendit un instant et rassembla ses idées ; son plan était simple : séduire cette femme d'une catégorie non douteuse, l'enlever ainsi à Laus à son insu, même l'éloigner s'il le pouvait.

Une porte s'ouvrit et M{{lle}} Mélanie, en peignoir bleu, se montra, souriante. Jacques entra dans la chambre à coucher. Il s'excusa, sans beaucoup de façons, de la liberté qu'il avait prise, et habilement, se laissa arracher l'aveu d'un amour naissant.

— Moi-même, dit-elle, j'ai ressenti en vous voyant une impression toute drôle.

— Et, dit Jacques, vous n'habitez pas seule ?

— Oh! absolument seule, dit M{{lle}} Mélanie ; je tiens à ma liberté.

— Mais vous avez un amant ?

— Sans doute : le petit que vous avez vu avec moi, l'autre jour.

— Et il vous aime ?

— Le pauvre garçon ! il m'adore. Il est si gentil !...

— Et vous lui êtes fidèle ?

— Cela dépend... En tous cas, il en est convaincu.

Encouragé par ce début, Jacques commença son œuvre. Cet homme, qui jusque-là avait vécu toujours en dehors des femmes, dans une vie à peine marquée par quelques aventures, devina en un instant les procédés les plus expéditifs pour arriver à son but.

Il montra à Mélanie combien elle était imprudente et peu habile, selon ses intérêts, en se sacrifiant à ce jeune homme dont l'inexpérience probable et la légèreté ne tarderaient à la rendre malheureuse. Facilement, il réussit à supplanter Henri Laus et la décida à une rupture par des promesses qu'il commença sur-le-champ à réaliser.

Il sortit, non sans avoir fait acte d'amant, déjà, ayant surmonté le dégoût qu'elle lui inspirait, en songeant que là était le seul moyen de réussir dans une séduction bien autrement difficile, peut-être impossible !

Le soir, Laus vint dîner apportant des documents consciencieusement colligés. Il resta assez tard, et Jacques, sortant avec lui, l'accompagna.

Jacques Soran était joyeux ce soir-là et, avec cet égoïsme implacable de l'amour, il était heureux en songeant qu'il avait éloigné une rivale, sans s'attrister de la tristesse qui devait étreindre Laus, lorsque le lendemain, sans doute, il serait chassé par celle qu'il aimait. Jacques amena la conversation sur les femmes et, insinueusement, avec des paroles sceptiques qui troublèrent Henri, il le prépara vaguement à sa disgrâce.

Sous forme de conseils tendrement donnés par un aîné, il sema le doute dans ce cœur confiant et il conclut en lui disant : « Défiez-vous des femmes, mon cher Henri : vous ne trouverez jamais chez elles qu'intérêt et tromperie et fuyez-les, si vous désirez le bonheur : l'amitié seule est fidèle. » Et, en le quittant, il le baisa plus tendrement que de coutume.

Qui aurait reconnu Jacques Soran dans ce cynique personnage qu'il jouait maintenant?

Avec la brutalité d'une passion si terrible chez les mystiques, il s'attaquait à deux innocents, sacrifiant deux enfants dans l'espérance d'un honteux bonheur. Est-ce le même homme qui tendait jadis à la perfection, qui aspirait à la sainteté, qui s'élevait vers la toute-puissante vertu, se dominant lui-même, si humble et si pieux?... C'était le même homme... Cette nature extrême ne pouvait qu'être très belle ou très ignoble. La fatalité la transforma lentement, et Jacques Soran, en ce moment, méritait tous les mépris, ayant toutes les turpitudes. Jacques se coucha avec la tranquillité d'un criminel... Il ne regardait plus en arrière, il ne voyait plus le passé. Il n'aspirait plus à une union très élevée avec une âme; il ne rêvait plus une sublime fusion avec un esprit; il ne désirait plus de toutes ses forces une amitié pure; il ne demandait plus dans de mystiques vœux un cœur semblable au sien : c'étaient les sens qui, dans une aberration maladive, parlaient en maîtres et il ne rougissait plus de s'avouer des désirs qu'il n'essayait pas de chasser. Ce jugement cependant qui eût été celui de tout homme sensé contemplant cette pourriture est peut-être impitoyable. Jacques méritait un peu d'indulgence. Même encore aujourd'hui, il n'aurait pas succombé, malgré sa dégradation plus complète, à la tentation du sale vice d'urinoir qui l'avait écœuré aux Champs-Élysées.

Ce qu'il aimait en Laus, c'était peut-être ce corps charmant d'adolescent, cette peau blanche d'enfant blond, cette poitrine et ces hanches excitantes, ces mains fines promettant de si douces caresses, la chair, pour tout dire ! Mais, c'était là l'effet d'une maladie et d'un trouble génésique dont il n'était pas coupable... Ce qui le séduisait surtout, c'était cette nouvelle incarnation, cet avatar d'un être aimé purement autrefois et qu'il aimait encore en le retrouvant tout entier, corps et âme, dans Henri Laus. Ce qui l'attirait surtout, c'était ce merveilleux génie d'enfant qui avait pénétré sans guide les arcanes les plus abstrus de la haute science, et si, parfois, Jacques se regardait comme dominé par les seuls sens, c'est que, inconsciemment, il se condamnait et se décourageait devant l'envahissement de désirs inséparables d'une telle affection.

Il relut, avant de s'endormir, quelques pages de l'extatique Suédois et il rêva des rêves doux :

Dans un firmament d'un azur infini, parmi des astres éblouissants, bercés sur des nébuleuses d'argent et d'or, traversant des nuages lactés, voluptueusement emportés au travers d'espaces sans horizon, sous les caressants regards des Séraphins, des Dominations et des Puissances, sous l'œil suprêmement contemplateur de Dieu, baignant dans les sublimes accords d'une céleste harmonie, avec des ailes de foi et d'espérance, sans corps, et réels, visibles et impalpables et montant toujours, deux anges à l'incandescente blancheur étaient emportés, traversant des éclairs de pourpre et des arcs-en-ciel et des constellations de feu. Parfois, sous les caressants regards de Dieu et sous l'œil suprêmement contemplateur des Séraphins, des Dominations et des Puissances, ils se baisaient dans des baisers immenses, et cet amour leur donnait l'incompréhensible force de monter encore, et, dans une union absolue, ils se pénétrèrent et s'absorbèrent et ils devinrent Dieu et ils dominèrent dans l'azur éblouissant du firmament, parmi des astres infinis...

Le lendemain, Jacques recevait cette simple dépêche de Laus :

Venez tout de suite.

Il sortit après avoir, chose insolite aujourd'hui, embrassé sa femme comme avec un étrange pressentiment.

Henri Laus était couché, d'une pâleur le faisant plus beau encore. Assis au pied du lit, un homme était là, l'étudiant anxieusement. Quand Jacques entra : « Vous êtes monsieur Soran? » lui dit le médecin. Et il l'entraîna dans la pièce voisine.

— M. Henri Laus, sous le coup d'un chagrin qu'il s'est refusé à me confier, a absorbé ce matin une dose terrible de laudanum. La trop grande quantité de poison l'a peut-être sauvé. Mais il est dans un état moral alarmant et c'est entre vos mains, Monsieur, puisque vous êtes, m'a-t-il dit, son seul ami, que je le remets maintenant. Quelques jours suffiront, sans doute, à le rétablir ; mais dès que cela sera possible, qu'il s'éloigne et, si je ne me suis pas trompé, qu'il tâche d'oublier.

Le médecin s'en alla après avoir fait ses dernières recommandations.

Jacques s'approcha du lit. Elle était là, sous

ses yeux, cette nouvelle victime que son amour insensé avait sacrifiée. Jacques prit la main de Laus et fondit en larmes. Il l'interrogea doucement et, sous l'influence d'une fièvre intense, remarquable après l'ingestion de ce poison, Henri Laus dit tout son malheur.

Il eut pour sa maîtresse des mots terribles et des paroles de haine que Jacques simula d'adoucir. Puis, le malade s'emporta contre lui-même, se gourmandant d'avoir aimé une pareille catin, et, cherchant dans les yeux de Jacques une consolation suprême, il lui dit : « Oh! mon ami, vous m'aviez prévenu!... »

Quelques instants après, le délire se déclarait. C'étaient des discours incohérents, des menaces encore et des blasphèmes ; puis, des paroles d'une vague espérance, des aspirations vers une amitié sûre et non trompeuse...

L'œuvre de Jacques Soran s'accomplissait.

LA CHUTE

LA CHUTE

I

Un matin d'hiver, deux hommes descendaient de voiture à la gare du Nord. Le petit nombre de leurs bagages semblait indiquer une absence de peu de durée. Le plus vieux, courbé comme sous de lourds soucis, son pardessus négligemment ouvert, malgré le froid glacial, entourait son jeune compagnon, souffreteux et pâle, des soins les plus tendres, l'enveloppant d'un regard d'inquiète sollicitude.

Ils montèrent dans un wagon retenu d'avance et, tout de suite, celui qui semblait le frère aîné, ayant soigneusement fermé la portière, prépara à son ami un lit de couvertures avec une adresse toute maternelle.

Quand le train se mit en marche, sous la secousse initiale l'enfant ne put retenir un cri de douleur et comme son ami effrayé, se penchait amoureusement sur lui, il le rassura : « Ce n'est rien, mais j'ai senti là, au cœur, comme un coup.

— Oui, dit Jacques Soran, c'est le cœur qui souffre. » Et, pliant sa couverture, il en fit un coussin pour la tête de Laus.

Le voyage avec un être chéri est le plus grand bonheur d'un amant : moins intense que la possession, et moins énervant, c'est comme une jouissance prolongée dont toutes les fibres tressaillent : c'est comme un rapt, ou comme la fuite de deux heureux voulant cacher leur félicité à des yeux ennemis et jaloux, et il n'est pas jusqu'à ces vieilles unions, lasses et fatiguées, qui n'éprouvent en ce moment un regain de vie et de joie.

Renversé dans un coin, Jacques couvait des yeux son ami, épiant sur son visage les signes de souffrances contenues. Bientôt Henri ne tarda pas à s'endormir, comme s'endorment les enfants, oublieux des grandes douleurs, n'ayant pas encore appris à souffrir. Après quelques jours de maladie pendant lesquels Jacques ne le quitta pas un instant, Henri Laus avait pu se lever. C'est alors que, pressé de questions, il fit sa confession à Soran : Il aimait cette femme, qui, sans raison, avait soudain refusé de le recevoir et, lorsque celui-ci, pour le consoler, lui dit que peut-être elle était indigne de cet amour, il ne voulut entendre à rien et tomba dans une sorte de stupeur qui alarma Jacques.

A grand'peine, Soran put le décider à quitter Paris, lui promettant, par ce moyen, la guérison : grâce à la fascination que cet homme exerçait autour de lui, il réussit dans ses diaboliques projets et Laus, avec une naïveté et un abandon filial, se réfugia dans Soran (il faut dire ainsi) et chercha dans cette amitié le remède à sa tristesse.

C'est la dernière étape de l'évolution lamentable de Jacques. Le sens moral achevait de s'éteindre chez lui. En quittant sa femme, pour se rendre auprès d'Henri, il l'avait embrassée pour la dernière fois ; *il ne reparut plus.* Trompant Laus qui, dans sa candeur, n'eût pu soupçonner une pareille infamie, il ne lui écrivit même pas...

Le sort de cette malheureuse qui se jeta dès

lors éperdument dans les pratiques de la religion la plus austère, attristerait encore ce récit.

Jacques, mollement bercé par les doux soupirs d'Henri Laus, ne pensait pas... La pluie fouettait les vitres et les paysages, mal entrevus, se déroulaient toujours semblables... Quand Laus se réveilla, il s'assit en face de Soran et, sous les couvertures, leurs genoux se touchèrent.

Il faudrait analyser tous ces contacts et ces frôlements ; mais qu'il soit permis de dire qu'à l'époque de ce voyage l'éréthisme de Jacques touchait à l'exaspération, et que le simple attouchement de la main de Laus suffisait pour exagérer, à tout moment, la rigidité de ses désirs.

Quant aux dispositions de Laus, on expliquera tout par cet ascendant, dernier vestige d'une volonté disparue, qu'exerçait sur lui Jacques Soran. Tout ne conspirait-il pas, d'ailleurs, à la chute de cet innocent?... Jacques Soran était beau et grand ; ses caresses, toutes pures en apparence, ne pouvaient effrayer Laus. Puis, son pauvre cœur dolent, désabusé par une expérience d'enfant, tout saignant sous le coup dont l'avait frappé cette fille, était bien préparé pour une déviation et une perversion de l'amour, et les circonstances servaient Jacques avec une faveur fatale.

Ils causaient comme on cause en voyage : des phrases entrecoupées, indifférentes, des impressions sur les panoramas qui s'enfuient, Jacques tutoyant Henri, celui-ci restant affectueusement respectueux.

— Pourquoi Mme Soran ne viendrait-elle pas nous rejoindre à Noirchain? dit Laus.

Cette simple phrase causa à Jacques une horrible souffrance. Le souvenir de celle qu'il abandonnait lui revint comme un remords...

— Oui, dit-il. Et il parla d'autre chose. Jacques emportait le manuscrit de son ouvrage, que fort heureusement il avait confié à Laus quelques jours auparavant. Pour abréger le voyage, ils le feuilletèrent ensemble. Jacques Soran admirait qu'une intelligence d'enfant eût pu s'élever d'emblée jusqu'à saisir, dans leurs replis mystérieux, ces conceptions ésotériques.

Les premières pages dataient de huit années déjà et Jacques, dans cette revision, put suivre pas à pas, pour ainsi parler, le développement de ses idées, les transformations de son tempérament. En tournant les feuillets avec Laus, sachant surtout combien grande était sa pénétration, il se montrait comme tout nu à ses yeux. L'œuvre débutait ainsi :

> Dans l'âme qui, si peu, tient à mon corps qu'elle voudrait le quitter pour se soustraire à ses influences et s'élever jusqu'à Dieu, une voix a parlé qui me commande de sortir du monde et de moi-même. J'ai entendu cette voix et je lui ai répondu.....

Ces lignes ascendantes, comme les dispositions de Jacques à ce moment, montraient la joie et le calme. Les lettres, touchant à peine le papier, d'une écriture presque immatérielle, disaient assez les aspirations supra-terrestres du scripteur. Ces caractères persistaient longtemps, mais les lignes plus récentes, raturées, torturées et descendantes, aux jambages empâtés, eussent suffi à Jacques, même à Laus, pour prouver la déchéance progressive de celui qui les avait écrites. Quelques signes que Jacques ne voyait pas, et qu'il eût remarqués dans une écriture étrangère, tant il est difficile de s'extérioriser, disaient aussi, nettement, la désorganisation, la perte de l'équilibre, symptômes avant-coureurs d'une folie se hâtant.

Laus les vit-il ? Peut-être, car souvent il jetait à Jacques d'indicibles regards chargés de commisération et d'amour.

Ils poursuivirent cet interminable entretien

qui recommençait sans cesse unissant leurs deux âmes dans des appétences communes. Jacques parla son rêve de l'autre jour avec l'éloquence et le charme de la poésie et du cœur ; et quand il dit ces deux anges blancs, s'identifiant et s'unifiant pour rentrer dans Dieu dont ils s'étaient échappés, il fut pur à ce moment et les sens, oubliés et disparaissant dans cette extatique vision, se turent. Le contact de Laus qu'il sentait auprès de lui ne le troublait plus ; la chair n'avait plus ces vibrations avilissantes, dans cet instant lucide où l'aberration et la folie s'apaisaient, ne voilant plus et ne défigurant plus le Soran de jadis.

Quelques heures après ils étaient à Noirchain. Avec quelle émotion Jacques retrouva cette retraite qu'il avait quittée si triste et où il revenait, non plus seul maintenant !... La neige couvrait le parc et il voulut y marcher, pressé de revoir et de montrer à Laus tous les détails de cet asile où ils devaient tous deux recouvrer le bonheur. C'était là qu'il voulait revivre avec lui cette douce vie qu'Elle lui avait fait entrevoir et qu'Elle avait si brusquement rompue. Ils allèrent, par ce froid, jusqu'au petit belvédère. Le grand christ gothique était toujours là, étendant ses longs bras amaigris et décharnés par la souffrance, selon la conception de cette époque, et penchant sa tête sous les lourdes iniquités assumées.

Le piano, muet depuis longtemps, semblait un grand cercueil et, très loin, l'on voyait l'immense plaine blanche et, tout là-bas, l'horizon gris...

Ils revinrent au château ; ils prirent une petite sente que Jacques, dans le jadis où il s'y promenait avec elle, avait appelée « l'Allée des Pensées ». Resserrée, avec ses arbres incultes laissant tomber leurs branches lourdes de neige, comme les membres blanchis de grands squelettes surannés, on eût dit d'une catacombe étroite et nue, et triste, et suggestive de douleurs. Henri s'appuyait au bras de Soran et, avec des petits rires d'enfant (Jacques avait déjà entendu ces rires ici), il s'extasiait, se réjouissant de la bonne liberté qu'ils auraient à Noirchain. Un chevreuil, très frileux, apparut, et très jaloux de ses biches: il s'avança bravement, gentiment menaçant. Henri se baissa et, prenant un peu de neige blanche, si peu, dans ses petites mains blanches, il la pétrit et, avec un geste d'une espièglerie mutine, il la lança et ils rirent tous deux aux éclats, et Jacques se souvint d'une espiègle mutinerie pareille...

Cependant la fille du vieux mineur avait allumé un grand feu dans la haute cheminée du salon, et Laus s'amusa beaucoup, réjoui encore par les flammes claires des peintures maladroitement restaurées.

Ils visitèrent la maison :

C'étaient de grandes chambres à coucher, avec de profondes alcôves, et à côté, des petits boudoirs donnant sur l'escalier de service. Henri évoqua le souvenir de toutes ces « belles dames » de style Louis XV qui avaient reposé ici, et des petites suivantes, affriolantes, qui avaient monté ces étroits escaliers ; même avec la familiarité qu'il avait maintenant, il en regretta l'absence, et ces regrets déplurent à Jacques.

— Elles étaient aussi trompeuses qu'aujourd'hui, mon cher Henri, dit-il d'une voix grave.

Et Laus devint pensif.

II

Lors de son départ pour Paris, deux années auparavant, quand Jacques quitta un pays devenu désormais insupportable, il s'enfuit comme Loth sans regarder derrière lui. Il avait laissé Noirchain sous la garde du vieux Borain, et il s'en alla avec une malle simplement sans emporter aucun livre ni aucun objet. Il retrouvait les aîtres immobiles et mornes depuis longtemps et il lui semblait découvrir quelque antique demeure couverte de poussière et d'oubli.

Jacques dormit mal cette première nuit. Il se réveilla de bonne heure et, tout de suite, il eut une pensée étrange pour le lui-même d'aujourd'hui. Il descendit dans la froide chapelle. Il s'agenouilla sur la dalle et, très fervemment, il pria. Il entra dans son âme, ce qu'il avait bien désappris de faire depuis quelque temps, et il la regarda... Il eut en ce moment une grande contrition, et Dieu, qui ne l'avait donc pas abandonné, lui envoya une vision consolante :

sur un sol de terre noire et boueuse, un être informe se tordait dans des convulsions et se raidissait dans des spasmes ;

là-haut, tout là-haut, le ciel étincelait sans lui envoyer de lumière ;

l'homme poussait des cris déchirants qui n'étaient pas entendus dans ce firmament désert et lointain ;

des rudes mains l'empoignaient et l'attiraient dans des gouffres sombres. Mais, peu à peu, sous les supplications et les prières du damné, l'étincellement du ciel devint plus calme et sa lumière moins vive arriva jusqu'à lui ;

ses tortures s'adoucirent et, déjà, bien que souffrant encore terriblement, l'homme eut une action de grâces. Sa voix fut entendue, car maintenant le ciel n'était plus désert ni lointain : il était dans le ciel, le pécheur repentant et exaucé...

Jacques pensa à Laus, et à ces tentations de la chair qui l'avaient harcelé.

Il remercia Dieu de ne pas y avoir succombé, et il les détesta, ne concevant même plus maintenant qu'elles pussent encore surgir devant lui.

Très joyeux, il monta chez Laus et le vit dormant. Il s'assit à son chevet et le contempla longuement : un amour paternel envahit son cœur ; certes, en cet instant, il recouvra sa sérénité d'autrefois ; il ne vit plus en Laus que cette âme, cet ange blanc qu'il lui était permis d'aimer et de trouver beau, au-dessus de la nature. Il pensa que Dieu l'avait faite plus belle, cette âme dans un corps plus beau, et, se penchant sur le lit, ce fut l'âme d'Henri Laus qu'il embrassa en le baisant au front. Henri s'éveilla à demi et, prenant la tête de Jacques dans ses bras, sous le frôlement de ses doux cheveux, il appuya, non sur son front, mais sur sa bouche un long et humide baiser. Longtemps ses mains caressèrent les épaules de Jacques, cependant que celui-ci, troublé dans son corps, n'osait se dégager de cette étreinte. Enfin, les bras de Laus retombèrent inertes. Il dormit encore quelques instants, puis se réveilla triste, comme sortant d'un rêve délicieux pour rentrer dans la sombre réalité... Il regarda Soran avec des yeux étonnés et, vaguement, il sembla soupçonner sa méprise. Jacques, l'attendant, alla dans le salon voisin et il s'assit à l'orgue. Quelques instants après Henri venait le rejoindre. Il eut une idée amusante : il s'assit à côté de Jacques, et, tous deux, à quatre mains, ils improvisèrent :

Cet exercice est peut-être celui qui demande la plus complète ressemblance entre deux tempéraments. Outre la science que tous deux possédaient, il nécessite une fusion des idées, une pénétration parfaite et instantanée entre les deux esprits.

Jacques se mit aux dessus et prit la direction.

Il commença un prélude très simple, où Laus, avec discrétion, s'effaça pour le laisser parler seul. Peu à peu les basses firent entendre leurs notes graves dans des réponses en imitations, et ce fut un dialogue où les deux individualités se fondirent bientôt pour en faire l'élévation d'un cœur unique. Subitement, par ce caprice que Jacques avait connu déjà à Noirchain, Laus changea le rythme et la tonalité, et, Soran le précédant dans sa course folle, un scherzo fantastique succéda à la douloureuse introduction. Parfois, sur le pédalier, leurs jambes se rencontraient et Jacques tressaillait. Parfois encore, allongeant le bras vers un registre, Soran, involontairement, mais non inconsciemment, pressait la main de Laus qui s'y trouvait au même moment, par une communion entière des inspirations;

mais déjà quelques notes mélancoliques du début revenaient sous les doigts de Laus et celui-ci redisait le thème exprimé par Jacques : dans les phrases finales, alors le même motif, simplement accompagné en octaves par Henri, acheva comme une conclusion et un symbole cette rêverie qui fut pour tous deux la révélation et la preuve d'un amour surhumain.

Laus ensuite voulut examiner la bibliothèque. Dans une pièce voisine, meublée d'une unique table très grande et de deux sièges, des rayons cachaient entièrement les murs chargés de volumes à la reliure simple et terne. Laus s'amusa à nommer quelques titres qu'il s'émerveillait de voir là, ces ouvrages étant presque introuvables : c'étaient les *Conclusiones cabalisticæ* de Pic de la Mirandole, les *OEuvres de Jean Belot;* les *Traités de Julius Firmicus Maternus*, de *Postel*, les *Visions sublimes de Swedenborg*, et tant d'autres.

Laus nota l'absence des livres de pure littérature ; il ne s'en étonna pas.

— Ne nous remettrons-nous pas au travail ? demanda Soran.

— Volontiers, dit Laus, mais d'abord je voudrais vivre un peu.

Jacques pensa que le cœur était toujours malade, et qu'il ne pourrait espérer de guérison que dans le temps.

La porte s'ouvrit et, avec sa façon inculte, la fille du vieux domestique :

— Si vous voulez venir dîner...

Ils descendrent.

Très enfant toujours, Laus se récriait sur cette cuisine simple, si précieuse auprès de celle de Paris. La nostalgie du cœur lui fit dire, déjà le second jour de son absence, qu'il lui fallait bientôt y retourner. Jacques eut un regard de reproche, et Laus donna quelque prétexte banal, comme la crainte d'être indiscret.

— En sommes-nous là, mon cher Henri, et ne m'es-tu pas indispensable, puisque vous êtes mon secrétaire ? dit Jacques en souriant.

Ils sortirent pour voir le pays. Jacques, à dessein, passa par ce petit champ qu'il retrouva couvert de neige, et où Elle lui était apparue pour la première fois. Il voulait ainsi revivre avec Laus ces jours heureux qu'il espérait durables maintenant. Ils allèrent par les chemins très mauvais, et arrivèrent à Frameries. En voyant un charbonnage, Henri eut d'interminables questions, auxquelles Soran ne put répondre toujours, et enfin il souhaita de descendre avec lui dans la mine.

— Notre vieux Borain, dit Soran, doit connaître quelque porion qui pourra nous procurer ce plaisir.

Ils revinrent en passant derrière le parc. Jacques revit le banc de pierre où il s'était assis avec Elle, et l'endroit où, dans ce moment de folie furieuse, il s'était précipité sur Elle pour une fin fatalement nécessaire à un amour qui se promettait si pur... Ils s'assirent tous deux, et Jacques, se serrant contre Laus, revécut en le regardant cette scène qu'il eut presque le désir de renouveler. Mais c'était briser encore une fois son bonheur, ou risquer tout au moins de s'attirer, s'il était repoussé, le mépris de celui qu'il aimait.

Que devinrent en ce moment ses sentiments du matin, ses remords et sa contrition?... On l'a dit, le sens moral était perverti chez lui, et il ne fut retenu, dans cet instant, que par des réflexions bien étrangères à l'amour du bien et de la vertu.

Quelques jours se passèrent... Une autre fois, Jacques eut la curiosité de revoir la maison où elle avait habité. Elle était vide aujourd'hui et, au grand étonnement de Laus, ils la visitèrent. Très petite, au milieu d'un jardin mal entretenu, elle parla encore pour lui un langage triste, qu'il écouta avec bonheur. Il ne voulut pas que cette demeure, où le seul être qu'il eût aimé, car c'était lui qu'il aimait en Laus, avait vécu, pût risquer de disparaître, emportant ainsi des souvenirs chers. La maison était à vendre, il l'acheta ; et comme Henri s'étonnait encore, ne pouvant s'expliquer cette fantaisie, il trancha du spéculateur, et fit à Laus toute une théorie sur le placement des fonds en maisons et en terres dans ce pays.

Il y avait un mois qu'ils étaient à Noirchain et rien encore, dans l'attitude de Soran, ne pouvait faire soupçonner à Laus l'exagération de son affection. Un jour, ils se trouvaient dans le petit kiosque, causant de mille vieilles choses toujours nouvelles, et Henri semblait moins triste : Jacques pouvait croire que la guérison approchait et que son ami commençait à oublier. Ils s'étaient assis sur le divan : la conversation tomba sur la femme par les soins de Laus, certainement, car Jacques était trop habile pour raviver une blessure presque fermée. Laus ne se répandait pas en lieux communs sur son inconstance, mais ses paroles trahissaient une amertume que Soran ne chercha pas à adoucir : bien plus, il lui suggéra que l'amitié seule pouvait être sûre et que c'était folie de chercher une autre affection ; et, en disant cela, il s'était rapproché de Laus, amoureux plus que jamais, sur ce divan où il s'était assis à côté d'Elle.

Pour la première fois, Henri baissa les yeux sous le regard de Jacques : une illumination soudaine s'était faite dans son esprit et il comprit qu'il était aimé d'amour. Il ne le comprit qu'aujourd'hui : comme les génies, dont l'esprit est démesurément développé sous certains côtés tandis qu'ils manquent complètement de pénétration pour les choses les plus simples, cet enfant, qui parfois s'était élevé jusqu'à la divination, voyait seulement maintenant, dans les yeux de Jacques, une ardeur luxurieuse qui l'effraya, et il se recula un peu.

III

Un matin, de très bonne heure, le vieux Borain réveilla Soran et son ami : un porion les attendait à la mine et devait les accompagner dans leur excursion souterraine. Ce fut pour eux, pour Laus surtout, une émotion assez grande de songer que tout à l'heure ils seraient à sept cents mètres sous terre. Ils avaient beaucoup causé de la mine les jours précédents : même un accident était arrivé au prochain charbonnage qui leur faisait comprendre le danger d'une promenade très simple en apparence. Parfois, la corde qui descendait la cage se rompait et celle-ci, dans une chute effrayante, écrasait les mineurs ; ou bien des tassements de terrain emprisonnaient les ouvriers et c'était encore la mort, mais lente et douloureuse ; enfin, plus rarement, l'invisible grisou s'enflammait et les malheureux étaient brûlés vifs ou assommés par l'explosion.

Bien loin de la peur, en gagnant le puits de mine, chacun à part ressentait une certaine appréhension : les inconscients seuls méprisent absolument le danger ; le premier, Laus avoua un malaise ; ils cherchèrent alors, tous deux, à se représenter la mine : ces hommes qu'ils avaient rencontrés et qui y passaient la moitié de leur existence pouvaient presque, avec leur visage et leur corps si spéciaux, servir de point de départ pour la reconstitution de l'endroit où ils vivaient : en tous cas, l'essai était amusant.

— Et d'abord, dit Laus, les galeries doivent souvent être peu hautes, à les voir courbés ainsi ; puis, continua-t-il, badinant à moitié, à demi raisonnant, la ventilation doit être bien imparfaite et la respiration difficile, si j'en crois leur visage bouffi.

— Vrai Dieu ! dit Jacques en riant, « petit garçonnet, que tu as d'esprit ! » Mais regarde, voici qui te renseignera encore plus exactement.

Et il lui montrait quelques mineurs, les jambes pliées, les cuisses collées aux mollets, le pied ne touchant à terre que par la pointe, assis sur leurs talons.

— Et, demanda Laus, que font-ils dans cette posture fatigante ?

— Ils se reposent : que faut-il en conclure ?

Laus réfléchit un instant, puis : « Il me semble que les galeries sont encore plus basses que je ne le pensais, car ils doivent se tenir ainsi pour travailler. »

— Bien déduit, repartit Soran, mais vois encore.

Quelques Borains étaient étendus à plat ventre, l'air béatement abruti.

— Oh ! dit Henri, les galeries se resserrent davantage ; je commence à craindre pour nos membres.

Tout en cachant sous des plaisanteries cet état désagréable que l'on ressent toujours au moment d'une première descente dans la mine, ils étaient arrivés.

Un ingénieur, très aimable, les reçut et voulut être leur guide (Jacques, un jour, avait envoyé des secours aux victimes d'un sinistre). Il les conduisit dans une salle chauffée très fortement par un poêle. Sur une table, des chapeaux de cuir bouilli, des costumes de toile étaient préparés pour eux. Tous les trois, ils se déshabillèrent et endossèrent la tenue des mineurs. Soran encore un coup eut sous ses yeux le corps de Laus, tout nu cette fois, et il se hâta, pour cacher son trouble ; rien encore de coupable ne s'était passé entre eux, sauf quelques attouchements de Soran, prudemment dissimulés sous des apparences familiales, préparant avec réserve la satisfaction de désirs qu'il eût été si dangereux d'exprimer nettement, et qu'il lui fallait pourtant laisser soupçonner. En se voyant ainsi transformés, ils rirent tous deux.

Henri Laus, avec cette petite veste bleue trop large et son pantalon trop court, sa chemise de flanelle sans boutons et son chapeau de cuir à petits bords, semblait un travesti, et il montrait encore cette gaucherie charmante dont Jacques s'était tant épris autrefois.

Ils visitèrent d'abord les machines. Le monstrueux organisme de fer étendait son grand corps et ses membres compliqués et puissants dans une immense cage : dompteur de cette bête redoutable, le mécanicien surveillait, dirigeant ses mouvements avec gravité, comprenant l'importance de sa mission. Une roue de bois enroule et déroule la corde plate qui monte et descend la cage. La main sur un levier, l'homme chargé des machines, attentif aux signaux, modère ou excite le monstre.

Une lampe à la main, ils s'approchèrent du

puits; le moment suprême était venu. La cage
venait de remonter et les attendait. Une grande
boîte en fer, un wagonnet, qui tout à l'heure
était rempli de charbon, était la nacelle très peu
confortable de cette ascension à rebours. Sur les
conseils de l'ingénieur, Soran entra le premier
et s'accroupit; Laus se serra auprès de lui. Sur
un châssis, au-dessus de leur tête, le guide prit
place, le signal fut donné et ils enfoncèrent lentement dans le trou noir. Ce fut un instant pénible.
Le puits, de la même largeur que le wagonnet,
semblait infini et ses parois laissaient suinter de
l'eau qui les transperçait peu à peu. Ils gardaient
le silence d'instants en instants, absolument inconscients, puis livrés à des pensées très graves.
Dans les trois minutes que dura la descente, Laus
eut le temps de penser à sa maîtresse, puis à rien,
ensuite que cette eau qui vous mouillait était
bien désagréable, mais que la fille du vieux
Borain était assez jolie; puis, il compta jusqu'à
soixante, regarda la lampe qu'il avait posée dans
le fond du wagonnet et il pensa au grisou, puis
au gaz d'éclairage et aux ouvrages de Pic de la
Mirandole. Soran, dans une sombre unité des
réflexions, essayait à travers l'obscurité de voir
le visage d'Henri, tout en songeant que si la
corde cassait il serait damné. La contrition en

pareil moment lui sembla une lâcheté ; cette posture et le voisinage si intime de Laus l'excitaient étrangement et il se demanda si, en cas d'accident, dans la chute vertigineuse, il aurait le temps d'embrasser Henri. Il souleva sa lampe et éclaira le visage de son ami : celui-ci ouvrit les yeux et, dans ce clair-obscur blafard, il eut un sourire.

— Nous arrivons, cria l'ingénieur.

Quelques secondes après, la cage s'arrêtait, puis remontait un peu, et enfin restait immobile. Ils descendirent.

Il y avait là un espace très large, assez bien éclairé, sorte de poste central où aboutissent les wagonnets remplis de charbon, que l'on pousse dans la cage. Alors commença une excursion fatigante, car Laus, très curieux, voulut « aller partout ». L'ingénieur marchait le premier, leur expliquant avec des termes techniques les travaux qu'on faisait sous leurs yeux : ils n'écoutaient pas, regardant la nuit. Les premières galeries étaient très élevées et des chevaux pouvaient à leur aise y traîner des chariots. Bientôt, ils durent se baisser et, se cognant la tête à chaque instant, ils reconnurent l'utilité du lourd chapeau de cuir. Parfois ils rencontraient des ouvriers boisant les galeries ou des femmes tirant des chariots dans les endroits impraticables aux chevaux. Malgré l'obscurité, à peine tachée çà et là par les lampes, les mineurs reconnaissaient des étrangers et s'arrêtaient pour les examiner. Le malaise avait complètement disparu et, lorsqu'arrivant à un boyau très étroit, Jacques et Laus durent s'accroupir et se traîner sur les genoux, c'est gaîment qu'ils le firent. Henri, tenant sa lampe entre les dents et rampant, s'écorchant à des morceaux de charbon, analysait ses impressions : quel plaisir y avait-il à parcourir des kilomètres à quatre pattes sans rien voir, en se meurtrissant les membres, en se heurtant les épaules et en respirant du charbon? Il ne put nier que la jouissance fût très grande, du moins cette première fois, et il se l'expliqua aisément. Dans cet accord de sensations diverses, la dominante lui parut être la vanité ; le danger très réel de cette descente en constituait à peu près le seul plaisir, puis l'orgueil encore de passer dans les endroits les plus difficiles, et le refus de s'avouer fatigué, sentiment très bête en somme, s'ajoutait aussi. Quant à Soran, il pensait à Laus, passant, comme toujours, par des alternatives de sentiments très élevés et de tentations brutales. Habitué à rapporter les phénomènes extérieurs à son propre esprit, en se traînant ainsi, par une bizarre association d'idées, il songea à Nabuchodonosor transformé en bête, et cette reptation de son corps lui rappela, comme un symbole, que son cœur rampait aussi dans une boue de honte et de saleté.

On était arrivé à une espèce de carrefour; l'ingénieur s'arrêta un instant :

— Si nous voulons continuer, dit-il, nous aurons à peu près un kilomètre à parcourir à plat ventre. C'est ici les boyaux les plus étroits, vous verrez les mineurs détacher le charbon sous vos yeux. Si la fatigue vous fait peur, nous retournerons sur nos pas : tout à l'heure, il serait trop tard, le boyau n'a que quarante centimètres de hauteur.

Soran et Laus se consultèrent et celui-ci, très intrépide, décida qu'il fallait continuer. Ils s'allongèrent tous trois, l'ingénieur toujours précédant et, s'aidant des coudes et des reins, ils entrèrent : très maladroits d'abord, ils se déchiraient les bras et se heurtaient les épaules, puis, l'habitude venant très vite, ils avançaient un peu plus aisément : cet endroit est le plus dangereux; c'est là que les éboulements sont le plus fréquents et pourtant Laus et Soran n'avaient plus aucune crainte : ils étaient

absolument inconscients ; leur unique souci
était de ne pas éteindre la lampe qu'ils por-
taient. Au bout d'une heure ils arrivèrent avec
satisfaction à une galerie très haute voisine du
puits, et c'est presque avec regret qu'ils ren-
trèrent dans la cage. Cependant ce regret un
peu vaniteux fit bientôt place au plaisir de revoir
la lumière, et, quand ils sortirent du wagonnet,
Laus déclara qu'il se trouvait plus tranquille ici.

Ils remercièrent l'ingénieur qui redescendait
dans la mine et lui souhaitèrent bon voyage.

Un porion les reconduisit à la salle où ils
s'étaient déshabillés. Ils trouvèrent là de grands
baquets d'eau chaude, du linge et du savon et
ils s'étonnaient de tout cet appareil, lorsqu'ayant
enlevé leur veste de toile, ils virent leur corps
couvert de charbon, ce à quoi ils n'avaient pas
pensé. Laus, sous ce nouvel aspect, avec ses cheveux blonds couverts de poussière noire, ses
yeux fardés comme une fille horrible, produisit
sur Soran une impression indéfinissable. Tout
ce qu'il y avait en lui d'instincts mauvais
se réveilla. Ils s'étaient déshabillés et, dans un
mouvement de luxure qu'il ne put dominer
(essaya-t-il même de le dominer?), il fit à
Henri cette proposition, bien naturelle, de se
rendre un service réciproque en se savonnant

l'un l'autre. Il mouilla une serviette et, appuyant une main sur l'épaule d'Henri, il épongea amoureusement son corps nu. Avec une caressante perversité, il chercha à jeter le trouble dans les sens de son ami, et sous sa main prudente il le sentit tressaillir, cependant que d'un air distrait il lui disait des choses banales avec une gaîté indifférente. L'eau tiède coulait sur sa peau, mollement aphrodisiaque, et, un peu frissonnant, dans une pudeur obligée maintenant, Laus se ceignit d'un linge blanc. Peu à peu, avec une lenteur pleine de réserve, Jacques égara ses mains, souples et excitantes, et il vit avec bonheur que Laus s'abandonnait au charme qu'il avait voulu cacher à ses yeux. S'enhardissant de ce consentement muet, Jacques précisa des caresses dont Laus ne se défendit pas, et il lui mit un long baiser sur la nuque,...

et, comme ignorant que quelque chose fût, à présent, de nouveau entre eux, ils s'habillèrent très calmes.

IV

Quoi maintenant? Peut-on dire la vie que fut la leur et saisir, avec les pinces ténues de l'analyse, des sentiments qu'ils s'ingéniaient à cacher sans vouloir y réussir?

Quoi maintenant?... Est-ce un commerce honteux dont ils n'eurent pu ne pas rougir en face l'un de l'autre?

Est-ce le vice s'étalant avec impudeur dans le sans-gêne de toute barrière rompue? Est-ce la débauche des corps et l'obscénité de la chair sans voile?...

Ce ne fut ni le vice, ni la débauche, ni l'obscénité; ce fut l'amour planant encore confusément sur eux, car dans une pudique convention et muette, ils ne parurent pas, l'un à l'autre, se rappeler le passé. Ce fut l'amour aussi pur, malgré cet oubli d'un moment, aussi élevé, malgré cette déchéance d'un jour. Pure, cette amitié salie par une faute mortelle? Élevée et sublime, cette union des cœurs après ce quasi rapprochement des corps? Oui, pure encore et élevée et sublime, cette alliance de deux âmes qui, un instant, ne purent oublier qu'elles avaient un corps.

De la contrainte et de la gêne entre eux, peut-être? Non, ils se regardèrent en face : ils se virent s'aimant. Laus était tout l'horizon de Soran.

Sa vie, brisée pour lui, ne pouvait plus être que par lui. Répondait-il à cet amour? Jacques ne le sut jamais, car ces amours ne peuvent se dire. Il n'y eut en effet entre eux, après cette journée, aucune apparence de ressouvenir, et Soran eût sans doute craint de trouver chez Henri des regrets et des remords, peut-être même le dégoût. Et pourtant, Laus avait compris, et il ne fuyait pas ; il était donc conquis? Jacques ne voulait pas user de sa victoire. Il songeait que Laus était à lui tout entier, et son amour pour cet enfant, s'augmentant de cette vanité, se satisfaisait ainsi.

Comprenant tout, Henri ne prononçait jamais le nom de la femme de Soran. Apparemment, certaines psychologies sont impénétrables, indéfinies ou infinies, car celle de Laus n'était que contradictions incompréhensibles. Un seul moyen de la saisir, c'est de penser que, dominée par celle de Jacques, elle en fut le reflet et l'image exacte. Or celle-ci, si répétée, a-t-elle été assez dite?

On ne peut sans doute la séparer, cette histoire d'une âme, de l'étude du corps qu'elle dirigeait et cette psychologie sans cesse heurtée par des revirements sera peut-être mieux comprise, si l'on pense à quelques phénomènes physiques que présenta Soran vers cette époque, et qu'il eût été possible de prévoir.

Un matin, avec cet enfantillage exquis qui fut une des faces de ce génie, Laus apporta à Jacques un gros bouquet de fleurs : c'était l'anniversaire de sa naissance. Soran avait trente-quatre ans. L'émotion de Jacques, devant cette preuve d'amitié à l'apparence banale, fut telle qu'il pleura beaucoup :

Il prit la tête de Laus entre ses mains, la serra avec force et, comme il allait l'embrasser, il s'arrêta soudain :

— Je veux te sauver, dit-il.

Et alors, dans une explosion d'éloquence contenant tous les remords et toutes les espérances, il le supplia d'*oublier ces moments d'oubli* qui avaient fait de lui un criminel, quand tout en lui était haut et grand : Jacques parla longuement et, peu à peu, sa parole eut moins de fermeté, sa voix trembla, et un ou deux mots même furent mal prononcés. Laus ne prêta guère d'attention à ce détail et, entraînant Jacques, il voulut encore fondre leurs deux cœurs dans une hymne de joie et de repentir. Ils s'assirent tous deux à l'orgue.

Laus, cette fois, avait préludé dans un cantique magnifiquement joyeux : Jacques, à côté de lui, écoutait avec ravissement, et bientôt leurs mains, comme leurs cœurs, se touchèrent et s'unirent.

Mais tout à coup, qu'advient-il de Soran ? Ses doigts, mal assurés, ne trouvent plus les touches : ses yeux disent l'inspiration sublime qui est en lui et qu'il est impuissant à traduire. Il lutte, triomphe un moment, et quelques accords jaillissent comme le dernier cri d'un désespéré. Ses mains se sont raidies et, dans une lamentable obstination, il fait entendre une cacophonie atroce durant que Laus le contemple, atterré...

— Je suis trop ému, dit Jacques. Et ils descendirent. Ce fut une journée de leur vie, uniforme comme toutes les journées. Elle commença doucement triste, car Jacques comprenait qu'il se passait en lui quelque chose de terrible. Il avait assisté déjà à la déchéance de son esprit très lente, et il lui semblait que son corps aussi lui échappait, que tout son être enfin se soustrayait à lui-même... Mais, ce jour de printemps, le soleil arriva très gai et, passant sur son cœur en détresse, il le réchauffa et les grises mélancolies s'en allèrent. En une journée, il perdit le bonheur, puis le ressaisit : c'est redire toute sa vie, mais cela fut ainsi. Une chose nouvelle cependant intervient, c'est tout son corps s'affalant après que ses facultés s'étaient échouées, complétant ainsi l'anéantissement d'un homme.

Il n'y eut d'abord que des troubles vagues, perceptibles très peu : ses membres, quelquefois, se refusaient à le servir, mais, dans un instant très court de lutte, cette incoordination ne pouvait s'apercevoir ; puis elle s'effaça et Jacques apparut le même qu'il fut jadis. Laus assistait à ce spectacle et il eut (à son âge !) la divination que cette tentative mal définie de Soran, quand ils remontèrent de la mine, était le symptôme d'une maladie qui voulait tout le respect, et il fut assez grand pour être indulgent. Lui aussi, était triste parfois, car l'amitié si élevée ne l'avait pu guérir d'un amour vulgaire, mais le premier.

Après une rémittence de courte durée dans laquelle il maudit sa maîtresse et la femme, après une chasteté voulue en vain, il eut, lui aussi, des désirs dans cette solitude. Mais, ne subissant pas les mêmes tentations que Soran, il éprouva, il faut trancher le mot, le besoin de la femme.

Ce fut alors que, pour la première fois, il s'aperçut que la fille du vieux Borain était jolie.

V

Peu de temps après ce jour de fête qui fut, pour Laus clairvoyant, un jour de deuil, Jacques Soran montra à son ami les signes, s'accentuant de plus en plus, d'une maladie que celui-ci ne pouvait définir. Parfois, de grandes joies, des espoirs sans fin, des projets merveilleux, puis, soudain, des accès de chagrin, de mornes découragements, même des larmes, sans motif. Ils avaient repris leurs travaux et Laus vit avec douleur que cet homme à l'intelligence si élevée se perdait dans des détails mesquins, s'attachant à des questions insignifiantes sans pouvoir les résoudre et impuissant à retrouver les liens qui unissaient entre elles ses vastes idées. Dans ces moments, Jacques se levait et disait simplement : « Je ne sais ce que je ressens, je suis énervé... »

Quelquefois, lorsqu'il exposait ces plans immenses péchant toujours par un petit côté, sa parole s'alentissait, sa langue devenait lourde et ses discours restaient inachevés ; Henri alors, intervenant, répondait à une objection que Soran n'avait pas faite, et il s'épargnait la navrance de voir son ami luttant contre l'envahissement du mal. Jacques écrivait rarement, dictant à Laus ; mais, un jour qu'il voulut prendre la plume, ses doigts raidis ne purent la tenir. Il lutta, et comme il voulait écrire le simple mot CHAPITRE, sa main, convulsée, réussit enfin ; mais, soustraite à la volonté de Jacques, elle traça d'une manière informe, en caractères tremblés et désordonnés, le mot SODOME !

Dès ce moment, Laus se sentit bien seul à Noirchain, car Soran annihilé s'écroulait d'instants en instants. Auparavant, ils ne se quittaient pas ; aujourd'hui Jacques fuyait Laus et celui-ci, respectant ce besoin de solitude, se tenait à l'écart. Jacques s'en allait seul dans les champs, faisant de longues absences. Un matin Laus, s'étant levé de bonne heure, ne trouva pas Soran chez lui : il était déjà sorti. Il le chercha dans le parc et, n'ayant pu le rencontrer, il monta dans le petit kiosque du fond et, s'accoudant à la fenêtre, il songea. Ses regards errants tombèrent sur le banc de pierre où un jour il s'assit auprès de Jacques. Celui-ci était là, et avec une tendre indiscrétion Henri l'épia. Il était affaissé, immobile et, se levant bientôt, il montra à Laus, qu'il ne pouvait voir, un visage abattu. Un moment, de grosses larmes coulèrent de ses yeux et au milieu de paroles inarticulées, Laus distingua ce mot : « Elle ! Elle ! »

Soudain, d'une main démente, Jacques arracha son vêtement et, le regard hagard, le corps secoué, il se livra à un onanisme insensé, cependant que Laus, comprenant maintenant la névrose terrible, s'enfuyait, fondant en larmes.

Il réfléchit longtemps. et il vit que l'état de Jacques était grave. Il chercha à s'expliquer cette scène et il lui revint à l'esprit certaines étrangetés de Soran auxquelles il n'avait pas pris garde autrefois. Il se rappela que, souvent, il l'avait emmené auprès de ce banc et que là, se pressant contre lui, il l'avait regardé de manière bizarre ; c'avaient été encore, dans le kiosque, sur le divan, des attitudes incompréhensibles et des caresses outrées. Parfois aussi, il l'avait accompagné, là-bas, dans un petit champ où Jacques s'arrêtait, tristement rêveur. L'acquisition de cette maison voisine, sans aucune valeur pour le but qu'avait prétexté Soran, le frappait maintenant. Il y avait dans tout cela un mystère qu'il voulut éclaircir. Laus résolut de parler habilement à la fille du vieux Borain qui, peut-être, pourrait le renseigner. Comme il rentrait, celle-ci précisément rangeait dans sa chambre : d'un air indifférent il s'enquit de ce qu'était le propriétaire de la maison que venait d'acheter Jacques. Il apprit que celle-ci, deux ans auparavant, était louée à une jeune fille qui l'habitait avec son père.

— Et, dit Laus, Monsieur les connaissait sans doute ? La jeune fille était-elle jolie ?

— Oh ! dit naïvement la servante, elle était très belle ! J'ai cru même que vous étiez son frère tant vous lui ressemblez. Elle venait souvent ici voir Monsieur, et un jour, elle a quitté le pays brusquement...

Adèle avait bien envie de causer un peu et elle jetait à Laus un regard timidement provocateur, faisant des mines de paysanne éprise.

Laus pressentait la vérité : il soupçonna que Soran, ici, avait eu une maîtresse qu'il aimait beaucoup et qu'il avait perdue pour une raison qu'il ne pouvait comprendre : de là sans doute venait sa tristesse, peut-être même la maladie qui le frappait. Cette ressemblance avec lui-même pouvait expliquer en partie son affection pour lui, et cette exagération de ses caresses amicales se con enait ainsi. Très complexes furent ses pensées. Il eut un peu de jalousie contre cette femme dont il n'était que le reflet : ce fut le premier mouvement, mais son affection pour Soran n'en fut pas amoindrie car, malade, son ami avait plus que jamais besoin de lui ; en réfléchissant, il eut cette douce consolation d'excuser Jacques d'un vice dont il l'avait soupçonné, et il fut heureux de son indulgence passée. Il songea à ce mot terrible que la plume de Soran avait formé malgré lui, dans une agraphie corollaire sans doute de l'aphasie à son début et il comprit que Jacques, sur le chemin de la démence, était obsédé par des souvenirs, persécuté par des remords.

Dès lors, Laus n'eut plus qu'un désir : amener à Noirchain un médecin qui poserait un diagnostic précis de l'état de Soran ; mais il ne pouvait exécuter ce projet, craignant par une pareille démarche d'alarmer son ami. Il voulut du moins ne plus le laisser seul ; mais là encore il échoua, car Jacques, avec une habileté de fou, trompait sa surveillance ou, si Laus semblait insister pour ne pas le quitter, il entrait dans des colères terribles. Par une réaction qui ne peut étonner, Laus, malgré sa douleur de contempler la ruine de Soran, ne put s'empêcher de devenir assez familier avec Adèle. Celle-ci, enhardie par sa conversation avec Henri, errait autour de lui, se trouvant souvent sur son passage, entrant même quelquefois dans sa chambre, pendant qu'il y était, sous un prétexte futile.

Ce séjour ravissant de Noirchain, si charmant encore peu de temps avant, quand ces deux êtres très beaux y vivaient leur bonheur, avait maintenant un air funèbre. Pour les yeux tristes de Laus, tout, ici, conspirait à la mélancolie et à l'ennui : l'automne s'avançait et le soleil, vainqueur des tristesses et des peines, pâlissait. Les oiseaux s'en étaient allés et l'on n'entendait plus, là-haut, dans les ramures, l'enchevêtrement, très mièvre et très perçant, de leurs cris. Plus de fleurs non plus, non plus que de gaies verdures : les mortuaires cyprès et les pins restaient seuls comme dans un vaste cimetière. Le piano et l'orgue se taisaient et le vent seul sifflait lugubrement ou hurlait... Parfois, au milieu de ce silence, passait un homme n'entendant plus le silence, sourd à ses petites voix : les cheveux grisonnants, il allait, cadavre qui eût surgi de cette nécropole. Parfois encore c'était Laus, l'enfant blond ayant un peu souffert, lui aussi, plus que tôt, et voyant devant lui une vie lentement douloureuse.

La maladie, doucement, évoluait en Jacques, mais avec des symptômes très ténus encore. Souvent même, il pouvait paraître absolument indemne et il ne se rappelait pas alors ses mauvais jours. Dans ce cas, son esprit récupérait toute sa force d'autrefois, mais le corps souffrait et la marche était pesante, les doigts inhabiles, la parole hésitante. Il venait alors auprès de Laus, le caressant comme jadis, voulant peut-être, dans ces moments, le caresser plus encore; puis, brusquement, il donnait les marques du plus profond désespoir et, se jetant aux pieds d'Henri, il implorait son pardon. Laus le consolait :

— Oh! mon cher Jacques, disait-il, vous savez combien je vous aime!...

— Taisez-vous, malheureux enfant, cet amour est défendu. Je ne dois aimer que ma femme... Vous me conduirez demain auprès d'elle.

Pour la première fois Jacques parlait de Berthe Gouvaut, et il revoyait, dans ses hallucinations, la pauvre désolée. Mais ces remords n'avaient pas de suite et c'était dans son esprit le chaos absolu, dans son esprit hanté tout à la fois par fois par le souvenir d'Elle, par son amour pour Laus, par l'obsession de sa femme.

Un matin Jacques, comme à l'accoutumée, se leva de bonne heure et s'en fut par la campagne. Il fit sa promenade habituelle dans tous les endroits chéris qu'il avait vus avec Elle et enfin, il entra dans la maison qu'Elle avait habitée. Là, son amour revint plus intense que jamais et, voulant revoir son image, il rentra à Noirchain pour embrasser et caresser Laus.

Il monta à la chambre d'Henri et, à cette pensée de le voir, il le voyait pourtant tous les jours, il tressaillit de bonheur et il entra chez Laus.

Comment dire ce qui se passa alors?... Sur le lit, Henri et Adèle, étroitement enlacés, leurs deux corps ne faisant qu'un seul corps, leur souffle s'unissant, leur sang se mêlant, absorbés l'un dans l'autre, ne purent entendre Jacques. Celui-ci, un instant hébété, eut un sourire de suprême douleur : il reput ses yeux de ce spectacle qui lui arrachait encore ses dernières espérances et il sentit une haine atroce contre celui qui le trompait.

Il prit, sur la table, des ciseaux, et lentement, avec des précautions infinies, dans toute la férocité de l'amour, il s'approcha du lit...

Les deux enfants ne pouvaient l'entendre.

Le bras étendu, il jouit par avance de sa cruauté et, délicieusement, il retarda sa vengeance... Puis, visant cette nuque aux cheveux blonds, qu'il avait baisée quelques jours avant, il la frappa, et, aussitôt, poussant un rugissement, il roula à terre...

Sa bouche déformée, ses yeux renversés, un affreux rictus torturant son visage, le font hideux : un bras tordu derrière la tête, tandis que l'autre, contourné, s'allonge sur le ventre, Jacques se raidit. Peu à peu, sa face, rouge d'abord, devient jaunâtre; des secousses très brèves et rudes, dissemblables de chaque côté du corps, soulèvent ce cadavre; les mâchoires affreusement agitées font grincer les dents, et une écume sanguinolente bave de cette bouche qui fut très belle. Sa respiration fait un bruit de râle et des mucosités verdâtres et blanchâtres s'écoulent de son nez. Soudain il pousse des cris déchirants et, avec un rire ignoble, il étend son bras convulsé et, devant Laus, cette fois de plus, car Laus est auprès de lui, il commet un acte inconscient qui ajoute encore à l'horreur de ce triste spectacle.

VI

Sur les hauteurs de Ville-d'Avray, au milieu des bois, la maison de santé du docteur Le Petit de Verville s'élève tristement jolie. Un parc immense, avec des pavillons isolés, çà et là.....

C'est là que Jacques Soran était enfermé.

Après le crime, auquel Laus échappa, grâce à la déviation d'un bras malade, celui-ci entoura plus que jamais son ami de soins et d'amour. Une rémission trompeuse était intervenue qui, un moment, donna à Henri quelque quiétude. Jacques, ne se rappelant rien d'un acte commis dans un moment de délire, était maintenant la même douceur et Laus, se gardant bien néanmoins de le laisser jamais seul, pouvait espérer la guérison. Mais il comprit qu'un médecin était nécessaire et, prétextant qu'un de ses amis venait en Belgique, il demanda pour lui à Jacques une hospitalité de quelques jours. Bientôt un aliéniste de Paris, prévenu, arrivait à Noirchain. Jacques, ne pouvant soupçonner sa qualité, le reçut très aimablement. Le médecin l'étudia attentivement et le résultat de cet examen ne put être douteux : le malade était atteint de paralysie générale, et il fallait l'interner au plus tôt. Laus entendit cet arrêt et son cœur se serra affreusement, quand il apprit que son ami était perdu.

La difficulté était d'emmener Jacques à Paris ; elle fut résolue d'une horrible façon. Il eut un jour un accès de délire d'une violence inouïe et Laus eut cette douleur d'aider le vieux garde et le médecin à mettre à Jacques une camisole de force apportée de Paris à tout hasard. Le voyage fut navrant, et Laus ne put revoir sans pleurs la gare où, quelques mois avant, triste sans doute, mais le cœur plein d'espoir, il était arrivé à Noirchain, avec un ami qui le chérissait et qu'il aimait, et dont aujourd'hui il emportait le cadavre, plus attristant encore du peu de vie qui lui restait.

Laus n'avait pu obtenir du médecin de garder Jacques auprès de lui : la réclusion était nécessaire; Laus, découragé, incapable de volonté, consentit à tout, et c'est dans une cellule où Jacques tout à coup, comme pour augmenter encore leur douleur, recouvra un instant sa lucidité, que les deux amis se quittèrent.

Jacques Soran n'a-t-il pas assez cruellement expié une aberration dont il fut à peine coupable? Non, la vie est plus triste, et le châtiment commence dur et injuste.

Ses douleurs physiques sont terribles; mais que sont-elles auprès des tortures de son esprit? Toutes les manifestations de la vie disparaissent peu à peu, cependant que la sensibilité et la conscience subsistent seules pour que la souffrance soit aiguë et parfaite. Les principales fonctions d'un organisme jadis puissant sont peu à peu troublées et abolies, mais l'esprit sans lucidité, mais conscient, résiste vivace.

Jacques Soran est là, et les désespérantes hallucinations l'assiègent; l'hypocondrie, avec son cortège de persécutions et de supplices, l'envahit.

Parfois, il rugit de fureur, ou, se roulant à terre, il pousse des gémissements, se débattant au milieu des ennemis qui l'assaillent...

— Fuyez! fuyez! hurle-t-il. Voyez-vous, la pluie de soufre et de feu! Sentez-vous l'horrible odeur des lacs de bitume enflammé qui m'engloutissent et me dévorent. Fuyez! fuyez! Je dois périr seul, Dieu le veut ainsi! Sodome! Sodome! la terre s'entr'ouvre et des flammes s'élancent, et déjà mon corps se consume.

... Écoutez! tout craque, et les gouffres m'attirent. Fuyez! fuyez! C'est écrit dans la Bible en lettres de feu : « Sauve-toi au nom de ta vie, ne « regarde pas derrière toi, et ne t'arrête pas dans « tout le district! Sauve-toi sur la montagne « pour ne pas périr! Sodome! Sodome! » Grâce! grâce! Ah! je brûle!

Maintenant on voit nettement la mort étreindre Soran peu à peu : l'être disparaît par parties; les jambes, déjà, sont impotentes et les bras impuissants; la parole inintelligible, sauf dans les moments de fureur. Dans de rares instants, la lucidité revient, et il peut causer un peu avec les visiteurs : c'est, tous les jours, Henri Laus qui vient assidûment et reste le plus longtemps possible auprès de lui; c'est aussi l'abbé Gratien qu'il a fait demander, et qui essaye de consoler celui qu'il n'a pu sauver. Doucement, Jacques Soran s'entretient avec eux, et dans ces intervalles où la névrose semble s'éloigner, il comprend qu'il est malade, et parle avec confiance de sa guérison prochaine. Tout à coup le délire l'empoigne, et il veut se précipiter sur ses amis, et le gardien, toujours présent, doit le retenir. Il les injurie alors, les accuse de tous ses maux et, ricanant, il se donne cette consolation de les entraîner avec lui dans l'abîme :

— Ah! traîtres, vous m'avez perdu, mais vous brûlerez avec moi ; les flammes sont là : les voyez-vous? Oh! qu'elles sont belles! (et il les contemple avec satisfaction). Elles sont rouges et bleues. Ah! lâches! vous avez peur! c'est le doigt de Dieu ; mais je ne veux pas mourir seul. — Et il s'élance encore.

— Messieurs, dit le médecin, il est cinq heures, si vous voulez vous retirer...

Paris-Mons, 1886-1888.